COMO SER UMA FAMÍLIA EXTRAORDINÁRIA?

CB004972

TON KOHLER
COMO SER UMA FAMÍLIA EXTRAORDINÁRIA?

Quebre padrões e construa um ambiente familiar equilibrado e feliz

Prefácio de Marcos Piangers | **Posfácio de** Ana Cardoso

Diretora
Rosely Boschini

Gerente Editorial
Rosângela de Araujo Pinheiro Barbosa

Editora
Carolina Forin

Assistente Editorial
Monique Oliveira Pedra
Camila Gabarrão

Produção Gráfica
Leandro Kulaif

Preparação
Gabrielle Carvalho

Capa
Plinio Ricca

Projeto Gráfico
Márcia Nickel

Adaptação e Diagramação
Plinio Ricca

Revisão
Eliana Moura Mattos
Mariana Marcoantonio

Impressão
Edições Loyola

CARO(A) LEITOR(A),
Queremos saber sua opinião sobre nossos livros.
Após a leitura, siga-nos no **linkedin.com/company/editora-gente**, no TikTok **@editoragente** e no Instagram **@editoragente,** e visite-nos no site **www.editoragente.com.br.** Cadastre-se e contribua com sugestões, críticas ou elogios.

Copyright © 2024 by Ton Kohler
Todos os direitos desta edição são reservados à Editora Gente.
Rua Deputado Lacerda Franco, 300 – Pinheiros
São Paulo, SP – CEP 05418-000
Telefone: (11) 3670-2500
Site: www.editoragente.com.br
E-mail: gente@editoragente.com.br

Dados Internacionais de Catalogação na Publicação (CIP)
Angélica Ilacqua CRB-8/7057

Kohler, Ton
    Como ser uma família extraordinária?: quebre padrões e construa um ambiente familiar equilibrado e feliz / Ton Kohler. – São Paulo: Editora Gente, 2024.
208 p.

ISBN 978-65-5544-459-9

1. Crianças - Formação 2. Pais e filhos 3. Viúvos – Criação de filhos I. Título

24-1855　　　　　　　　　　　　　　　　　　　　　CDD 649.1

Índices para catálogo sistemático:
1. Crianças - Formação

Nota da publisher

Não é segredo que a sociedade impõe papéis diferentes para pais e mães dentro da dinâmica familiar. Apesar de essa realidade já estar mudando, os homens ainda se concentram quase integralmente à vida profissional e ao sustento financeiro da família, enquanto as mulheres, além de se dedicarem à carreira, tomam conta da organização da casa, da vida escolar dos filhos, das compras no supermercado, da saúde da família, das programações de lazer...

Uma rotina muito parecida com essa era a de Ton Kohler, o Papai em Dobro, até que uma fatalidade o empurrou com dureza para a realidade. Após o falecimento repentino da esposa, ele precisou assumir ambos os papéis na criação dos filhos e se tornou pai e mãe de dois. Lidar com o luto fez Ton ter uma mudança radical na perspectiva que tinha de família e de carreira, já que precisou lidar diretamente com a desigualdade de papéis na estrutura familiar. Enfrentar o questionamento constante da falta da presença da mãe das crianças e as insinuações da incapacidade masculina de cuidar sozinho dos filhos fez Ton perceber que esse comportamento da sociedade precisa mudar.

De lá para cá, ele se tornou uma referência em equidade parental, movimento que defende a responsabilidade e a participação conjunta do casal na criação dos filhos e na manutenção da felicidade e da união da família. Ton tem usado as próprias experiências para ensinar pais e mães de todos os lugares a serem pessoas nas quais muitos filhos vão se inspirar.

Você está pronto para mudar aquela velha ideia de que cuidar dos filhos é coisa de mulher e criar uma família extraordinária?

ROSELY BOSCHINI
CEO e Publisher da Editora Gente

Dedico esta obra aos meus filhos, Pedro e Mariana, e à mãe deles, Renata, assim como a todas as famílias que buscam a transformação, que buscam algo extraordinário em seu seio familiar por meio do equilíbrio de responsabilidades e da felicidade. Agradeço às amigas Tatiane Siegel e Ana Cardoso pelas longas conversas e pelo encorajamento para escrever sobre um tema tão relevante. À Marina Rosenfeld por abrir meus olhos para o caminho que eu deveria seguir. À minha família, que me apoiou e incentivou para que eu não desistisse. À minha irmã, Patrícia Kohler, que me ensina muito sobre resiliência. À minha irmã de coração, Patrícia Lescano, irmã da Renata, que fortifica a nossa união familiar. À Isabela Schimidt, que foi meu suporte por inúmeras vezes. Aos avós das crianças, Mari e Roberto, por tanta gentileza conosco. E à minha mãe, Maria José, ou Jô, como é conhecida, que foi meu braço direito em muitos momentos. Sem seu suporte, eu não teria chegado até aqui. Uma jornada cheia de pessoas incríveis que conviveram conosco e de cuja companhia, amor e suporte pudemos desfrutar.

Sumário

PREFÁCIO 11

INTRODUÇÃO 15

CAPÍTULO 01
Uma nova família 21

CAPÍTULO 02
Nossas crenças e a maneira como
vemos o mundo 51

CAPÍTULO 03
Confiança, identidade e respeito 75

CAPÍTULO 04
O método Supersimples 101

CAPÍTULO 05
Tarefas para todos 113

CAPÍTULO 06
Diálogos saudáveis como passos
para a cooperação 123

CAPÍTULO 07
Como definir "combinados" 137

CAPÍTULO 08

Incluindo as crianças no processo   147

CAPÍTULO 09

Aceitação   155

CAPÍTULO 10

O autocuidado com equilíbrio

entre os familiares   163

CAPÍTULO 11

O trabalho e a família, a família e o trabalho   175

CAPÍTULO 12

Empatia social, pratique!   185

CAPÍTULO 13

Celebre o corriqueiro   193

POSFÁCIO   201

REFERÊNCIAS   203

Prefácio

Mais de um quarto das famílias brasileiras com filhos são lideradas por uma mãe sozinha, sem o pai ao lado. Os pais solo, que cuidam sozinhos das crianças sem a presença da mãe, são apenas 3%. Vivemos em um país em que o pai é constantemente afastado da família. A licença paternidade tem menos dias do que o carnaval. Os banheiros masculinos não têm trocador de fraldas. Publicidade e produções culturais colocam o pai como um ser atrapalhado, despreparado, desinteressado ou meramente provedor financeiro.

Imaginem o desafio de um pai solo no Brasil. Ele levará os filhos ao pediatra, à escola, aos parques, e ouvirá a pergunta carregada de significados: "Onde está a mãe?". Está subentendido que o homem não nasceu para cuidar de crianças. Que o homem não sabe cuidar bem das crianças. Que o homem é menos homem se está cuidando dos filhos. Que esse homem deveria estar ganhando dinheiro, a única função digna do masculino em um teatro social trágico.

Conheci o Ton em um evento que fiz em Curitiba e rapidamente me identifiquei com sua história. Quando tivemos oportunidade, fizemos eventos juntos para que a mensagem de pais cuidadores fosse espalhada e, quem sabe, gerasse frutos. Pais, muitas vezes, decidem abandonar seus filhos, é verdade. São 5,5 milhões de crianças sem o nome do pai na certidão de nascimento. Em casos de separações, a maioria dos pais optam por espontânea vontade em deixar a mãe cuidando das crianças a maior parte do tempo. Pais que tentam participar são muitas vezes atrapalhados, desprepa-rados, é verdade, mas também são desincentivados. Para que as coisas mudem, precisamos de histórias como a do Ton.

Muitas vezes me pergunto quem é a grande refe-rência de paternidade para os homens. Se esse homem teve sorte, será seu próprio pai. Contudo, se não tiver tido um bom exemplo dentro de casa, onde poderá se inspirar? Ton usa sua história para inspirar ou-tros pais a entenderem que o homem também cuida. Homem também chora. Homem também brinca de boneca, penteia a filha e se deixa maquiar. Homem de verdade fica pelos filhos, nos momentos mais difíceis da vida.

Muita gente diz que uma criança sempre precisa de um pai. Eu discordo.

Uma criança precisa de um pai seguro, um pai consistente. Um pai que entendeu que as crianças vêm antes do seu próprio egoísmo. Um pai que respeita a mãe das crianças, um pai que serve de porto seguro, que é mais do que um provedor financeiro.

Espero que, com o passar dos anos, os homens percebam, em exemplos como o do Ton, que podem ser melhores. Pais que participam da criação de filhos formam crianças mais felizes e bem-sucedidas, é o que mostram as pesquisas. Um pai participativo muda tudo para melhor, inclusive sua própria vida.

E, para os pais que estão cansados do dia a dia do cuidado de uma criança pequena, um último recado: saiba que todas as marcas de dedo sujo que aparecem em cada aparelho, todos os brinquedos espalhados pela casa, todas as pilhas de roupa e louça para lavar vão desaparecer rápido demais. Filhos crescem. E você vai, para sua surpresa, sentir falta disso.

Marcos Piangers
Pai da Anita e da Aurora

Introdução

O que é o sucesso para você? Como gerenciar uma família, a criação dos filhos, proporcionando-lhes uma vida plena e saudável, sem enlouquecer e sem deixar de lado o que é importante na vida?

Para responder a essa pergunta, precisamos mergulhar em outras questões importantes, que são fundamentais para o nosso desenvolvimento.

O que é sucesso para você? De certa forma, todos nós buscamos o sucesso, por vezes pautados em questões profissionais, em um *hobby* em cuja execução propomos excelência ou até em trabalhar muito para ter boas condições financeiras. Porém, não costumamos pensar no sucesso familiar. Não que o consideremos irrelevante, mas atribuímos êxito a outros campos que contribuirão para nossa felicidade familiar.

Para alguns, o sucesso significa estabilidade financeira; para outros, um cargo em que sempre sonhou trabalhar, uma viagem internacional, a conquista de uma casa e assim por diante. A contemporaneidade nos estimula a olhar para nossas vidas primordialmente de maneira individualista, sob a ilusão gerada por personagens nossos nas redes sociais, sob o jugo de uma sociedade capitalista que exige a necessidade de se destacar para alcançar objetivos e uma pitada de "deixa eu ir sozinho, pois assim vou mais rápido", que nos afastam daquilo que realmente importa e dos conceitos em torno da família.

Pensar no todo a partir da base familiar é um convite especial para atingirmos o objetivo de ter uma família extraordinária. Precisamos deixar de lado a ideia inconsciente de que aquilo com que trabalhamos ou o que fazemos seja mais importante, deixar o Eu de lado para olhar com carinho a maneira como estamos agindo.

Esse tipo de pensamento não é novidade. No século XV, um período prévio à Revolução Industrial e até mesmo à invenção do carvão, por exemplo, as famílias trabalhavam juntas para atingir o objetivo de grupo. As condições econômicas dessa época estavam voltadas para a manufatura e para a agricultura. As famílias tinham muitos filhos, pois, quanto mais filhos tivessem, mais mão de obra teriam para contribuir com o sustento e a estrutura familiar. As atividades domésticas se misturavam com as atividades profissionais. Na maioria das profissões da época, um homem não saía de casa para trabalhar, era a família que saía de casa para o trabalho. Todos eram um time, um grupo com objetivos em comum.

A métrica-base para encontrarmos o encanto de uma família feliz está na relação sucesso *versus* "Como eu sou percebido pelos meus familiares?". Qual seu propósito maior como ser humano? É possível ter o propósito de ser, sim, um reconhecido diplomata, um empresário importante, mas ao mesmo tempo perceber se há o equilíbrio entre o afinco profissional e o familiar? Então por que não falamos do sucesso familiar?

Quantos dias de vida gastamos buscando ser admirados pela imagem que representamos socialmente, ao mesmo tempo que nos ausentamos da família para sustentar essa posição? Estamos tão aficionados pelo nosso sucesso profissional que até nos esquecemos de ir para casa. Nas duas últimas décadas, a competividade nos fez buscar excelência no trabalho e na vida, mas quanto disso está relacionado ao bem de todos do seu lar?

O tempo é o senhor de muitas coisas, e uma das poucas certezas que temos em nossa jornada é que não seremos eternos. Por isso, precisamos agir agora para que lá na frente, em nossa velhice, possamos olhar para trás e não nos questionar por termos ido ou não àquela reunião de escola, termos ensinado ou não o filho a andar de bicicleta, termos preparado ou não aquela surpresa para o cônjuge, termos feito ou não aquela surpresa para os filhos, aquela viagem.

Se você está com este livro em mãos, é muito provável que não deseje este pensamento: "Podia ter sido muito diferente, mas agora já passou, eles cresceram". Só se completa 3 anos uma vez na vida; só há essa oportunidade de conviver com a criança ávida em dar respostas e fazer perguntas curiosas, da pureza do pensamento à leveza de tudo ser uma brincadeira; assim são os 3 anos. O quarto ou o quinto serão diferentes, assim como os momentos únicos com os filhos e a família com os quais o tempo nos presenteia.

Com certeza, seu maior sucesso está no legado positivo que sua trajetória deixará para as futuras gerações, pois não apenas criamos filhos, nós construímos uma sociedade a partir deles e das nossas relações familiares. Então mais uma vez pergunto: o que é sucesso para você? Caminhando conosco, neste livro, gostaria de sugerir que você refizesse essa pergunta entre cada um dos capítulos.

EU PRECISEI VIVER UM LUTO PARA ENTENDER COMO NOS PREPARAMOS POUCO PARA SER PAIS E MUITO PARA SER PROFISSIONAIS DE SUCESSO.

Como ser uma família extraordinária?
@papaiemdobro

CAPÍTULO 01

Uma nova família

Certo dia, ao abrir a porta de casa, vejo meu filho mais velho, Pedro, que na época tinha 3 anos, correr para os meus braços. Um pouco mais adiante, encontro a Mariana, de 1 ano, no colo da mãe, esticando seus braços para mim, uma lembrança maravilhosa que volta e meia eu permito que toque minha consciência, me mostrando o que realmente importa na vida.

O desejo de formar família é inerente ao ser humano. Muitas vezes, a constituição da felicidade plena tem suas raízes no seio familiar; talvez até não seja o caso de formar famílias consanguíneas, mas a criação familiar, de todo modo, seria algo como uma necessidade social e antropológica. Pensando nas formações de grupos e famílias ao longo da história, percebemos a importância de nos constituir em aglomerados de pessoas, comunidades e sociedades.

O interessante é que não só nós, humanos, agimos dessa forma, mas quase todo o reino animal. Dados históricos citam, por exemplo, que antes mesmo que o *Homo erectus* descobrisse como produzir o fogo e se reunisse em volta das fogueiras, os homens já viviam em grupos.

Nós, humanos, somos uma das poucas espécies neste planeta que, ao nascer, precisamos da interferência de um adulto para que possamos sobreviver. Os felinos, ao nascerem, conseguem farejar e rastejar até a mama da mãe; os equinos, em poucos dias, já estão andando; já um bebê humano necessita de outro humano para se desenvolver. Daí vem o provérbio africano: "Precisamos de uma tribo inteira para criar uma criança".

Como afirma Harari, na sua obra-prima *Sapiens: uma breve história da humanidade*, há apenas 70 mil anos nós, *Homo sapiens*, conquistamos o globo por meio de uma Revolução Cognitiva que nos diferenciou de outras espécies e nos colocou no topo da cadeia. Grupos humanos foram se organizando em tribos, depois em sociedades, até os dias atuais. Se imaginamos um eremita que vive afastado do convívio social, em um deserto ou em meio à neve na Sibéria, por exemplo, não é incomum imaginarmos um olhar sem brilho, distante, seco, no qual parece não haver aquele calor do amor e da felicidade.

Esse desejo de criar laços, inato ao ser humano, é o que nos move a frequentar a maior de todas as escolas: a das relações humanas. Nessa escola se aprende comportamentos, deveres e mais uma porção de coisas. A pandemia de covid-19 recentemente nos convidou a analisar nossas relações e o convívio familiar; fomos atravessados pelo desafio do isolamento social em busca de achatar a curva de disseminação da doença que assolou o globo. Vivemos impactos veementes em nossa saúde mental, que nos exigiram muita resiliência e paciência, pois, por mais que virtualmente tenhamos mantido nossas relações pessoais e profissionais, fomos obrigados a receber o trabalho e a escola dentro de nossos lares, escancarando dramas psicológicos somados à ausência social e ao convívio em grupos de maneira presencial.

Estando mais tempo em casa, veio à tona a diferença entre a esfera de mães sobrecarregadas e pais relapsos: algumas famílias superaram esse fato e se tornaram mais fortes, outras ruíram. Segundo o Instituto Brasileiro de Geografia e Estatística (IBGE), no auge da pandemia, em 2021, o número de registros de divórcios cresceu 16,8% em relação a 2020. Esse dado demonstra a necessidade de buscarmos o equilíbrio parental e familiar, questão que infelizmente não assola tanto os homens, mas sim as mulheres e mães que flertam com a exaustão do trabalho invisível da gestão do lar.

Nos dias atuais, discutimos, e muito, a cultura patriarcal que, ao longo da nossa existência, fomos ensinados a cultuar. Os papéis do homem e da mulher nunca receberam tantos questionamentos, e confesso que é comum ouvir, de jovens e adultos, depoimentos de que estão um pouco perdidos sobre como agir para se enquadrar em padrões sociais, algo que antes parecia muito claro e óbvio.

Vivemos a era da revolução tecnológica da informação e, com isso, a demanda de uma transformação imediatista no comportamento tem sido exigida. Como pais, experimentamos os desafios de equilibrar um tempo adequado de telas e as consequências desse hábito. É comum vermos dados alarmantes de doenças emocionais atingindo um grande número de crianças e adolescentes. Um estudo estadunidense realizado por uma revista médica chamada *Jama Pediatrics* apontou que o número de crianças diagnosticadas com ansiedade cresceu 29% e com depressão, 27%, no período de 2016 a 2020.

Os motivos parecem claros: conteúdos inapropriados das telas nas mãos das crianças e pouco tempo para brincadeiras e diversões ao ar livre. O bem-estar de nossos filhos passa pelo crivo de uma nova "rede de apoio" – *tablets* e celulares. Os pais despendem cada vez menos tempo brincando com seus filhos pela necessidade de ocupação profissional e dos deveres do lar e, ainda assim, as redes sociais tomam um tempo importante do nosso dia a dia – desde alimentá-las até consumir seus conteúdos –, quando no passado não tínhamos esse hábito.

Acredito que há muitos benefícios no uso das tecnologias e não que podemos mais viver sem elas. São muitas as facilidades proporcionadas e precisamos usá-las a nosso favor e em favor de nossas famílias.

Há alguns meses, tive a oportunidade de conversar com um pai que viajava muito; ele passava duas semanas fora visitando clientes na América Latina; seu casamento estava abalado, seu filho havia se desconectado dele e ele sentia-se perdido, pois tudo isso acontecia por causa do seu trabalho, do qual que ele gostava; era seu trabalho que mantinha a estrutura financeira e o provimento da família.

Ele desejava mudar essa situação e veio me consultar sobre uma possível solução. Trazer presentes e fazer ligações por vídeo já não funcionava mais. Quando conversamos a respeito do perigo que as crianças vivem ao passar muito tempo jogando on-line, ele teve uma grande ideia: criar um perfil em um dos jogos que o filho jogava e surpreendê-lo. Então, um belo dia, com seu perfil no jogo, ele começou a conversar com o filho em uma dessas semanas em que estava viajando. "Filho, aqui é seu pai. Posso jogar contigo?" Ele disse que o filho ficou espantado e aceitou. Dias depois eles passavam juntos algumas horas da noite jogando e, entre uma partida e outra, conversavam sobre a escola, as histórias com os amigos, sobre como estava a mãe e assim por diante. Rolou uma baita conexão, mesmo ele estando presencialmente ausente.

Saber mais sobre o filho o aproximou mais de sua esposa também, pois ele tinha mais assuntos para conversar com ela, além de oferecer mais apoio em educá-lo, mesmo estando a quilômetros de distância. Por fim, seu relacionamento conjugal melhorou, a conexão com o filho foi restabelecida, e tudo isso graças à tecnologia.

A criação de uma família extraordinária passa, em primeiro lugar, pela avaliação de nossas ações em relação ao bem-estar do grupo. Por isso, caso queira realmente construir uma família, esteja disposto a começar uma autoavaliação do que você tem feito para isso. Esteja disposto a mudar por você, pelos seus filhos, por seu cônjuge e pelas futuras gerações. Esteja atento, pois está em nossas mãos uma das maiores responsabilidades de uma pessoa adulta e funcional, que é ser virtuosa, a ponto de ensinar com exemplos.

Para ter uma família harmoniosa, eu precisei passar por uma grande análise, por um rito de transformação que eu não escolhi. O destino me forçou a estudar o que eu devia fazer para minimizar os traumas dos meus filhos: quanto mais estudava o comportamento infantil, mais percebia que era eu quem precisava mudar.

Estão nos comportamentos dos adultos as principais referências comportamentais das crianças e das famílias. Estão em nosso comportamento os principais motivos das discussões do casal, dos desentendimentos, das frustrações, das dores emocionais diárias. Eu ouço muitas mães dizendo que elas não estão felizes em suas relações pela sobrecarga de ter dupla jornada de trabalho. Ouço pais que dizem não saber o que devem fazer para que tudo fique bem, pois só escutam reclamações de suas esposas e se sentem acuados.

Ao mesmo tempo que o desejo dos casais de que as coisas se organizem parece ser dos dois, percebo que é muito comum a ausência de recursos para resolução, muito por conta de um procurar no outro a razão da sua própria frustração. Apesar de ser algo inconsciente, fazemos muito isso.

Foi vivenciando um trauma e buscando muito por conhecimento próprio por meio de terapias e estudos que cheguei à conclusão de que, quanto mais eu procurava por um culpado para tal situação, mais me afastava da cura do que me doía.

Eu planejei meu casamento, planejei meus filhos, minha vida, mas uma intervenção do destino resolveu mudar todos os meus planos. Foi difícil entender, foi difícil enfrentar e exigiu muita resiliência, foco e força para poder conduzir minha família para um lugar de felicidade. Vencido esse período, foi lá que encontrei algo extraordinário: o amor em família; não que ele já não existisse, mas estava tudo tão no automático que entendi que havia deixado de celebrar os valores que só esse amor pode oferecer.

MEU NÚCLEO FAMILIAR

Em 2010, pouco depois do meu aniversário, conheci a Renata, minha esposa. Eu vivia um momento de pouca crença em conseguir de fato formar uma família. Tinha 30 anos e confesso que estava desesperançoso de encontrar meu par, pois, em meus rápidos relacionamentos anteriores, não conseguia me conectar com alguém como desejava.

Quando eu e Renata nos conhecemos, senti mais uma vez o medo de me frustrar, de me machucar em outra relação, mas parece que o destino, dessa vez, resolveu nos acolher. Como nossos valores e intenções estavam muito ligados, nos apaixonamos de imediato e, mesmo com medo, resolvi me entregar completamente. Ela fez o mesmo e, quando percebemos, estávamos em um emaranhado de alegria e felicidade.

Nossos momentos de vida também colaboraram: eu havia trocado de trabalho e ocupava um cargo novo, com melhor salário, em uma empresa maior e mais estruturada; ela havia sido chamada recentemente para atuar em um órgão público. Os dois comemoravam essas conquistas, os dois estavam em uma fase de busca por outra pessoa que tivesse os valores que eram inegociáveis para uma boa relação e tudo pareceu se encaixar perfeitamente.

Em um mês, começamos a namorar e, quando percebemos, dois anos tinham se passado. Nessa fase, outras mudanças vieram, pois morávamos com nossos pais e eu comecei a procurar uma casa para morar sozinho. Tinha 31 anos e senti que era hora de dar esse passo.

Ao iniciar esse processo de busca de um novo local para morar, ela também se interessou e começamos a procurar uma casa juntos. De repente, achamos um lugar legal e compramos nosso primeiro apartamento. Lembro-me como se fosse hoje, ela me olhando e perguntando: "E agora? O que fazemos? Compramos uma casa!". Eu disse: "Agora nós nos casamos!".

Assim, com dois anos de relacionamento, estávamos nos casando. A compra da casa me trouxe muitos desafios financeiros. Ela tinha uma condição financeira mais estável, até mesmo pela trajetória de sua família. Eu vim de uma família muito simples, de seis irmãos, uma infância de poucos recursos, uma vivência financeira e estrutural muito difícil.

Minha mãe, a mulher mais guerreira de que já tive conhecimento, conseguiu nos sustentar praticamente sozinha com trabalhos de limpeza e como cozinheira. Como meu pai era muito ausente, minha mãe trabalhava dia e noite para poder nos alimentar, nos vestir e nos dar recursos mínimos. Meu pai era um homem trabalhador e honesto, porém nunca estava em casa. Depois do seu falecimento, descobrimos que tinha outra família.

A Renata viveu o contrário: sua mãe era dona de casa e, embora eles não tivessem recursos abundantes, ela teve uma infância com menos desafios estruturais que os meus. No entanto, durante sua adolescência, ela teve um diagnóstico médico que impactou nossa convivência e nos conduziu a decisões importantes em nosso casamento.

Aos 18 anos, depois de um mal súbito, Renata foi diagnosticada com uma nefrose em um dos rins; no outro rim, descobriu-se um nódulo cancerígeno. Ela e sua família algumas vezes narraram o desafio desse momento de vida deles. Ela precisou fazer muitas sessões de quimioterapia, teve que raspar os cabelos

Uma nova família **31**

e enfrentar todos os desafios que um câncer em um rim e a falência do outro apresentavam.

Felizmente, após aproximadamente um ano de tratamento, o nódulo se desfez e eles superaram esse momento, embora ele tenha deixado algumas preocupações sobre a possibilidade de o câncer voltar e de ela viver apenas com um dos rins funcionando.

Apesar disso, a vida seguiu bem, mas em uma conversa tivemos a consciência de uma possível sequela causada pela quimioterapia. Quando estávamos com um ano de casados, começamos a conversar sobre, lá na frente, perto dos três ou quatro anos de casados, termos filhos. Falávamos disso com a mãe dela e então veio uma revelação que desconhecíamos. Quem já viveu ou se informou sobre o tratamento quimioterapêutico entende que esse processo acaba matando os óvulos femininos; o tratamento que fora realizado em sua adolescência poderia ter matado seus óvulos e era muito provável que ela não pudesse ter filhos.

Ficamos muito assustados com a situação e procuramos um médico para entender as possibilidades. A médica, na época, comentou que não havia um exame para avaliar a qualidade e a quantidade de óvulos nos ovários. Em 2013, ainda não existia o exame antimülleriano, que detecta a quantidade de óvulos, então ficamos sem saber se poderíamos ou não ter filhos. Ela sabia que ser pai era um desejo meu; ela também desejava ser mãe, e estávamos ali sem ter ideia do que fazer.

Certo dia, ela ficou muito comovida e começou a chorar; eu tive de ter uma consciência muito plena para poder acalmá-la e lhe dizer que teríamos um filho; mesmo que não pudéssemos gerá-lo por nossa conta, nós o teríamos. Falei isso com muita fé, desconsiderando todas as circunstâncias e pensando muito firmemente que teríamos um bebê, que nada tiraria isso de nós. Ela se acalmou e internalizou aquilo; pude ver no seu olhar a mesma força, a mesma garra e a mesma fé que eu estava tentando lhe transmitir.

Ela parou de tomar os anticoncepcionais e em pouco mais de um mês estava grávida do Pedro! Muitas vezes queremos respostas para aquilo que não está sob nosso controle. Nesses momentos de dúvida, a fé é um fator que, no mínimo, nos impulsiona a tentar, a buscar uma saída de todas as formas. Eu me lembro muito de rezar para que a divindade celestial nos desse uma resposta do que fazer. O resultado do exame de farmácia foi muito comemorado e, a partir de então, nossas vidas mudaram completamente, pois um filho nessas circunstâncias abriu nossa consciência sobre o quão forte é o acreditar sem limites. Eu não sabia, mas essa lição me ajudaria no que estava por vir.

O AUMENTO DA NOSSA FAMÍLIA

Com o Pedro em nossas vidas, planejamos a vinda de um segundo filho. Renata inicialmente se mostrou um pouco contrariada, e eu insisti muito para dar um irmão ou irmã ao Pedro. Como eu vinha de uma família grande, de muitos irmãos e tantas experiências juntos, isso parecia ser fundamental para ter uma família completa. Enfim, ela topou depois de uma grande insistência, e hoje eu digo que foi ótimo ela ter topado, pois Pedro e Mariana se completam, são companheiros incríveis desse pai aqui e, como eu costumava brincar com a Renata, quando eu estiver bem velhinho, eles poderão se dividir para trocar minhas fraldas geriátricas; o peso não ficará para um só.

Mariana veio em um parto normal lindo. Tivemos uma doula que nos acompanhou até o nascimento; essa profissional foi fundamental para que a Renata pudesse ter o parto da maneira que ela desejava, dentro de uma maternidade, mas com o mínimo de intervenção cirúrgica. Lembro-me como se fosse hoje: ela mesma pôde puxar a Mariana de seu ventre para seu colo, com o cordão umbilical conectando fisicamente as duas e uma comoção total dos obstetras, pediatras e doulas que estavam conosco na sala de parto, todos chorando, emocionados.

Com nossos dois filhos, passamos a viver uma nova fase em nossa relação. Nos sentíamos mais seguros e maduros para fazer nossa família feliz. Como todo casal, tínhamos momentos de discussões, mas a experiência havia nos ensinado a conversar sobre as diferenças, respeitar o tempo do outro para que essa conversa pudesse ser saudável e resolver o tema em questão. Com nossas conversas corajosas e um amor puro e imenso, nos sentíamos realizados.

O tempo passou e começamos a planejar a festa de aniversário de 1 ano da Mariana. Renata estava empolgadíssima, mas eu não achava importante elaborar todos aqueles preparativos, que incluíam convites, lembrancinhas personalizadas, mesas com decorações com o tema da festa e assim por diante. Mas, dessa vez, sem questionar, resolvi atender a todos os desejos para a festa de 1 aninho, da maneira que a Renata desejava. Gastamos um dinheiro considerável com isso, mas também só se faz 1 ano uma vez na vida, e estávamos em condições de proporcionar esse momento à nossa filha.

No dia do aniversário, Renata estava radiante, feliz e realizada, e eu me vi muito feliz por ela estar daquele modo, por poder proporcionar aquele momento a ela, mesmo sem saber o que viria em, aproximadamente, quarenta e cinco dias depois. Em nossa rotina, nos revezávamos no cuidado com as crianças. Além disso, eu fazia natação duas vezes por semana e ela fazia Muay Thai. Longe de sermos atletas, apenas realizávamos algumas atividades físicas para manter a forma.

Certo dia, eu estava no trabalho; perto das 7 da noite, ela me ligou perguntando quando eu iria para casa. Era uma sexta-feira e, mesmo com o horário normal de trabalho estourado, eu queria muito terminar uma atividade que poderia nos dar respostas para muitas coisas dentro do setor em que eu atuava, ou seja, estava empolgado, querendo finalizar aquela tarefa. Eu disse a ela que desejava fazer isso e logo iria para casa. Ela queria jantar comigo e deixar nossos filhos com a avó, e eu disse que não seria possível, porque eu queria terminar o trabalho. Então ela disse que iria treinar, que deixaria as crianças com os avós; eu deveria ir lá depois para pegá-los. Eu não imaginava que seria a última vez que falaria com ela.

Às 9 da noite, as crianças já estavam comigo, de banho tomado e alimentadas; só esperávamos a mamãe chegar para fazer uma sessão de cinema, mas ela estava atrasada e demorando mais do que o normal. Foi quando o telefone tocou. Era da academia, e a pessoa do outro lado da linha pediu que eu fosse até lá, pois a Renata não estava passando bem. Liguei para minha sogra e pedi que ficasse com as crianças em casa para eu correr até a academia. Minha cunhada, Patrícia, veio com ela e foi comigo.

O trajeto pareceu longo, mesmo sendo o local de treino próximo da nossa casa. Em frente à academia, havia uma ambulância e um carro de polícia, e isso por si só me assustou muito. Corri para o local onde ficava o tatame. Ao chegar lá, vi todos os colegas de treino sentados em um canto chorando; não entendi bem a cena até que um dos responsáveis veio em minha direção dizendo: "Fizemos tudo que podíamos". Perguntei onde ela estava e ele então apontou o centro do tatame. Lá havia um corpo coberto com um lençol! Eu fiquei abismado com o que eu via. Corri até esse corpo e, ao puxar o lençol, não consegui acreditar que era ela. A minha esposa, que cerca de duas horas atrás queria sair para jantar comigo, havia tido um mal súbito, uma parada cardíaca, e acabou nos deixando. Foi desesperador e dolorido. Uma tragédia que, a partir daquele momento, eu teria que enfrentar.

A DOR DO LUTO

A partida de Renata não foi minha única experiência traumática com falecimentos. Como disse antes, meu pai foi muito ausente, mas meses antes do seu falecimento ele se tornou um outro pai, o pai que eu sempre desejei, que conversava, que se interessava pelo que vivíamos. Ele resolveu ser um bom pai ali, no fim dos seus dias. Na mesma época de sua transformação, ele dirigia seu carro e acabou batendo em um caminhão, falecendo de imediato. O mais trágico é que esse acontecimento se deu em frente à casa da nossa vizinha. Ela, então, bateu em nossa porta para avisar do ocorrido. Enquanto minha mãe entrou para calçar um chinelo, eu saí correndo em direção ao carro dele e o vi ali, irreconhecível pela aparência machucada devido a um traumatismo craniano. Por muito tempo, eu achei injusto que Deus e toda a egrégora espiritual levassem o pai que sempre desejei ter, logo quando ele estava se tornando um bom pai.

Por ter vivido uma tragédia com o falecimento do meu pai, estava mais maduro e preparado para o luto que viveria com a perda da Renata, com as dores e o trauma de perder uma esposa repentinamente. Isso não significa que meu enfrentamento seria mais fá-

Uma nova família **37**

cil, e sim que já havia vivenciado algo também muito traumático e tinha uma experiência em relação ao processo que se iniciava.

Lembro-me de me tornar depressivo, triste e amargurado por um bom tempo quando meu pai morreu. Demorei para aceitar o fato. Com a Renata, foi diferente; fui tomado por um sentimento de garra para poder minimizar qualquer trauma para as crianças, e foi nessa jornada que eu vivi a maior abertura de consciência da minha vida.

A dor ensina muito mais rápido do que qualquer outro sentimento. A dor acelera a evolução das pessoas, impõe fases que nem sabemos que deveriam ser vividas para que possamos evoluir. A dor maltrata ao mesmo tempo que ensina muito, mas, com o passar dos dias, meses e anos, passamos a entender que essas dores nos pegam pelas mãos e fazem de nós uma nova pessoa, com outros valores e virtudes; nos tornamos mais sábios e evoluídos. Ainda assim, que ninguém precise enfrentar a dor de um luto para se desenvolver.

Como as crianças reagiram a tudo isso? Como foi contar para elas? Como isso impactou os dias que vieram? Bom, eu sabia que ao retornar à escola os coleguinhas de classe perguntariam, principalmente ao Pedro: "É verdade que sua mãe morreu?". Eu precisei considerar as frases e as palavras que ele ouviria nos próximos dias e meses; então, antes mesmo de contar, me aprofundei no assunto sobre como abordar esses temas com crian-

38   Como ser uma família extraordinária?

ças, desde conversas com terapeutas até conteúdos de livros e pesquisas on-line. Descobri que a franqueza e o uso de palavras-chave seriam muito importantes (por exemplo: morte, morreu, faleceu), aliados a recursos lúdicos (como "virou estrelinha", "foi morar com o papai do céu"). Dessa forma, compreendi que minimizaria o trauma dessa conversa difícil. Nos dias que antecederam esse momento, Pedro costumava me perguntar o porquê de a mamãe não estar voltando para casa.

Em um artigo publicado no portal do famoso Dr. Drauzio Varella, Cristina Borsari, coordenadora de Psicologia do Sabará Hospital Infantil de São Paulo, afirma que, até os 3 anos, "a morte é entendida como a ausência ou a falta de alguém, algo que pode ser reversível"; dos 3 aos 7 anos, "a morte ainda é vista como a ausência de alguém, mas que não volta mais", e apenas a partir dos 7 anos "a morte começa a ter o seu significado de finitude, de algo que aconteceu, é inevitável e irreversível".[1]

Sabendo disso, tentei ser o mais puro e verdadeiro, pois a franqueza não só ajudaria meus filhos lá na frente como também seria um ato de honestidade diante de tantos desafios que ainda enfrentaríamos.

---

1 ZOLIN, B. Como explicar a morte para as crianças? **Drauzio Varella/UOL**, 21 dez. 2022. Disponível em: https://drauziovarella.uol.com.br/psiquiatria/como-explicar-a-morte-para-as-criancas/. Acesso em: 9 mar. 2024.

Para contar a eles, fui até um parque de Curitiba. Era época de Copa do Mundo e a cidade toda estava presa à televisão por conta do jogo do Brasil; então, nesse parque vazio, brincamos um pouco, até que coloquei os dois no colo e comecei a contar como pequenos animais morriam. Fui adicionando animais maiores, como os domésticos, até chegar ao ponto de explicar que com a mamãe havia acontecido a mesma coisa.

Imediatamente o Pedro perguntou: "Então a mamãe não vai voltar mais?". Respondi a ele que não. Ele começou a chorar; acolhi seu sentimento dizendo que entendia sua tristeza, mas que infelizmente seríamos apenas nós três a partir daquele dia. Minutos depois, ele já estava jogando bola comigo novamente.

Com a Mariana foi diferente, pois, segundo especialistas, crianças de 0 a 3 anos encaram a morte como uma ausência temporária e não têm noção de finitude. Ela me surpreendeu de uma maneira inusitada, pois, ao chegar em casa depois do parque, coloquei os dois no chão e disse: "Crianças, agora seremos só nós três". Nesse momento, o Pedro correu para o sofá para brincar com seus brinquedos e a Mariana começou a visitar cômodo por cômodo à procura da mãe. Andei atrás dela; ela balbuciava palavras como "mama, mama" em cada um deles, até que me olhou e disse: "Mamãe".

Essa situação me trouxe um grande ensinamento, pois eu poderia conduzi-la de maneira pouco positiva, queixando-me de que sua primeira palavrinha foi "mamãe", mas a mãe dela não estava ali para ouvir; contudo, por uma iluminação divina fui inspirado a pegá-la no colo e dizer: "Que maravilha, filha! Onde quer que sua mãe esteja, ela deve estar muito contente por sua primeira palavrinha ser mamãe". Abracei-a fortemente e por oito meses ela me chamou apenas de "mamãe", algo que se tornou divertido com o passar dos meses, pois familiares e desconhecidos ficavam admirados por ela me chamar assim.

A forma como eu conduzi aquele momento me ajudou muito a entender que há coisas lindas até mesmo nas dores mais profundas em nossas vidas. Acredito que foi uma maneira que ela encontrou de minimizar a ausência incompreendida do colo e da atenção materna. Pedro, nos meses seguintes, me deixou orgulhoso, pois falava da morte da mãe e dizia que ela morava com papai do céu, de maneira natural, sem a dor que nós, adultos, relacionamos à morte, palavra difícil de digerir pela relação de tristeza à qual a associamos.

Segundo Piaget, as crianças têm mais facilidade de se adequar aos ambientes do que os adultos, até mesmo pela sua incapacidade de alterar situações que, muitas vezes, são impostas a elas. Desse modo, meus filhos se adptaram a uma família diferente, fora do padrão, e, mesmo que ao longo do tempo me questionassem a respeito disso, sempre foram felizes e alegres. Isso também se deve ao ambiente que, ainda diante da ausência da mãe, foi proporcionado a eles.

A ABERTURA DA CONSCIÊNCIA

Gerenciar a dor do luto e do luto das crianças não é algo passageiro. É preciso entender que há processos que levam um bom tempo para se dissolverem completamente. No meu caso, hoje as crianças estão com 8 e 6 anos e eu ainda continuo essa gestão; embora de maneira mais leve, ainda existem questionamentos delas para querer saber o porquê de isso ter acontecido. Quando a mãe deles faleceu, eles tinham 1 e 3 anos. Gerir esse processo exigiu de mim muitos recursos que, no momento do falecimento da Renata, eu não tinha, e que busquei muito ter. Só assim eu poderia criar para eles um ambiente feliz, seguro e alegre, apesar do que tínhamos vivido.

Assim, mergulhei em todas as formas de educação possíveis, da disciplina positiva ao Waldorf, da Montessori aos fundamentos da comunicação não violenta (CNV), da psicologia positiva à psicanálise, na qual estou finalizando minha formação. Todo esse estudo exigiu de mim algo de que eu dispunha pouco: o tempo.

Eu atuava em uma multinacional como desenvolvedor de produtos e negócios. Por anos sonhei em atuar na companhia na qual trabalhava, por anos me profissionalizei; fiz cursos e mais de três graduações para ser reconhecido no trabalho; meu currículo acumulava habilidades, mas pouco eu podia utilizar desses conhecimentos para o que mais queria naquele momento, que era criar um lar feliz para os meus filhos. Meus propósitos de vida estavam todos pautados na esfera profissional; eu precisei viver um luto para entender como nos preparamos pouco para ser pais e muito para ser profissionais de sucesso.

Eu sempre reconheci o valor da família como um dos mais importantes, mas ao mesmo tempo e inconscientemente sempre colocava meus objetivos de carreira em uma esfera de importância maior, a ponto de muitas vezes deixar a Renata ir sozinha a uma consulta médica, de não atentar ao calendário de vacinas das crianças, de não procurar leituras para entender as fases de vida dos meus filhos.

Eu não era um pai ausente, mas, com o falecimento da minha esposa, percebi que não me dedicava o suficiente para alcançar o nível de participação que hoje considero fundamental. Espero que, ao ler este livro, você seja tomado por essa consciência, que não precise passar por uma vivência traumática para perceber os verdadeiros valores do amor em família.

Crianças precisam de um lar seguro e feliz para se tornar adultos extraordinários. Então, criar esse ambiente depois de tudo o que havia acontecido se tornou meu objetivo primordial de vida. Olhar para eles e buscar proporcionar novas experiências felizes de todas as maneiras, ter alegria para celebrar as pequenas conquistas, acolher suas frustrações, entender que as birras representam alguma necessidade não atendida e acolher suas emoções, validar suas opiniões e desenvolver autonomia nas crianças – tudo isso começou a fazer parte da rotina.

Uma nova família **43**

Transformar o cenário crítico do falecimento de uma mãe em dias alegres e felizes para que eles crescessem emocionalmente saudáveis era a pauta dos meus pensamentos diariamente. Como contar a eles, como gerir a casa e a família trabalhando em uma multinacional, como cuidar da casa, das roupas, das refeições, dos cuidados de higiene, das agendas escolares, dos uniformes, das compras, do presente para o aniversário do amiguinho, sorrindo radiante para que eles recebessem essa energia feliz e de maneira solo? Era um baita desafio em meio ao enfrentamento do luto! Hoje, cinco anos após esse desafio, confesso que nem tudo foi perfeito; tivemos muitas batalhas que abriram a consciência sobre minha capacidade de cuidar e sobre a maneira como eu conduzo a vida e crio meus filhos.

Embora os desafios tenham sido muitos, hoje somos uma família feliz; as crianças estão plenas, saudáveis e conseguem perceber que somos uma família diferente por sermos apenas três, mas nem por isso menos ou mais que qualquer outra família.

Durante a escrita deste livro, fiquei selecionando mentalmente quais das histórias deveria entregar aqui para vocês, pois vivemos tantas coisas lindas! Foram escritas cartinhas emocionantes da Mariana para a mamãe; em muitas noites de sexta-feira ficamos procurando qual das estrelas no céu seria ela. Quantas vezes meus filhos responderam sozinhos às perguntas sobre a partida da mamãe para adultos pouco prevenidos de nossa situação...

CADÊ A MÃE DESSAS CRIANÇAS?

Eu ouvia essa pergunta rotineiramente quando eles eram menores – quando eu chegava a um bufê infantil com os dois no colo, quando ia ao hospital por conta de alguma emergência, nos restaurantes, nas lojas de roupas etc. Quando tudo aconteceu, eles ainda eram crianças de colo.

Mariana sempre foi muito apegada a mim, ao irmão e à mãe. Com a partida da Renata, tanto ela quanto o irmão buscavam sentir-se mais seguros e queriam sempre estar grudados ao meu peito, enrolados nos meus braços, abraçados às minhas pernas. Era muito comum me ver andando com os dois no colo. Ainda bem que eu tinha saúde para dar esse colo duplo.

Apesar dos desafios de gerenciar as emoções do luto deles e do meu, eu não imaginava sofrer na pele o preconceito de acreditarem em uma tal incapacidade masculina de cuidar de duas crianças sozinho. Na verdade, eu nem sabia que isso existia. "Ton, mas você não pensa em se casar logo para dar uma mãe a essas crianças?"; "Ton, por que você não deixa um filho com cada avó e vai cuidar da sua carreira?". Essas e outras perguntas inconvenientes apareciam sem mais nem menos.

No começo eu achava que estava fazendo algo errado e só depois de alguns meses fui entender que a sociedade foi culturalmente programada a não aceitar um homem cuidador, um homem que cozinha, lava, passa e trabalha fora. "Um homem jovem não merece viver assim", disse uma senhora em uma festinha infantil dos amiguinhos da escola. Como se cuidar dos próprios filhos fosse um fardo pesado demais para um homem carregar, mas, para uma mulher, ok!

Estatísticas apontam que o número de pais solo é sumariamente menor que o de mães solo. Isso ajuda a explicar o título deste capítulo. Ver poucos pais nessa posição nos credencia como possíveis incapazes, mas não é bem assim. Nós, homens e pais, temos a mesma capacidade que uma mãe de executar, e bem, esse papel. O desafio, aqui, está no comodismo.

No Brasil, segundo levantamento realizado pela Fundação Getulio Vargas, quase 15% dos lares brasileiros são chefiados por mães solo e 90% das mulheres que se tornaram mães solo entre 2012 e 2022 são negras. A proporção é maior nas regiões Norte e Nordeste. A maioria, 72,4%, vive só com os filhos e não conta com uma rede de apoio próxima. Mas e para os pais solo? Como ficam as estatísticas?

Segundo um artigo publicado pelo portal CNN Brasil, do qual eu participei, e baseando-se nos dados domiciliares do IBGE, o número de pais solo no Brasil é de apenas 3,6%. Não há um índice que aponte os principais motivos de termos poucos pais solo, mas eu me arrisco aqui a apontar o que vejo na prática. Pais, geralmente, são considerados auxiliares das mães, e, quando acometidos pela partida de suas esposas, costumam entregar seus filhos a algum parente próximo, ou casam-se de maneira apressada, ou, ainda, voltam a morar com suas próprias mães.

A paternidade solo exige muito, assim como a maternidade, mas é preciso se redescobrir, pois não fomos educados para assumir esse papel devido a uma convicção social de que os homens, pais, são meros ajudantes de suas esposas na criação de seus filhos. Somos ensinados que o nosso principal papel como homem está baseado na provisão e na estrutura de recursos, mas poucos homens são estimulados a exercer um papel de cuidado como as mulheres, que desde muito cedo são estimuladas a ocupar essa função.

No livro *Sobre a arte de viver,* de Roman Krznaric, há um grande estudo sobre a naturalidade ancestral de que cuidar da casa e do filho seja um papel do gênero feminino. Krznaric traz exemplos de que nem sempre foi assim, citando que, durante os períodos prévios ao feudalismo, e no próprio feudalismo, as famílias viviam das monoculturas e todos faziam de tudo pelo bem comum do grupo e do seu feudo, participando do trabalho na agricultura, nas cozinhas compartilhadas e nos cuidados básicos com suas proles.

Geralmente eu recebo alguns elogios pelo pai e homem que me tornei, porém acredito que meu único mérito foi não deixar a peteca cair e conduzir essa fase com felicidade, para que as crianças fossem minimamente impactadas. Ao mesmo tempo, estudei para transformar essa dor em algo bom, fui a fundo em conceitos de educação infantil, procurei entender como lidar com traumas, fiz diversos cursos, me certifiquei como educador parental, mergulhei em uma porção de livros sobre educação respeitosa e até uma formação em psicanálise eu me aventurei a fazer. Enfim, a transformação necessita de conhecimento, não é?

Ver meus filhos correndo, brincando e levando uma vida normal e sem grandes traumas é um orgulho do tamanho do mundo. Foram madrugadas chorando só, foram horas, dias e anos assistindo aos sentimentos se dissolverem e a vida encontrando brechas para desabrochar. E assim tem sido desde então.

Por outro lado, não consegui ficar apenas ouvindo essas vozes perdidas sobre a incapacidade masculina. Fui para a internet, postei textos e vídeos falando sobre a sobrecarga que as mulheres enfrentam, a tal da carga mental que maltrata e faz com que as mães adoeçam. Falei sobre como nós, homens, somos relapsos em relação à compreensão desse mundo do cuidado, ignorando a importância de sermos participativos, de saber que nenhuma roupa vai parar no guarda-roupa sozinha, nem as vacinas vão parar espontaneamente no sangue das crianças, nem que as agendas com os médicos são marcadas sem que intervenhamos, e que não basta cumprir com a obrigação financeira e entregar um celular ou *tablet* para o filho. Fiz palestras para milhares de pessoas para que todos tenham uma vida em casal mais plena, sem a necessidade de passar por uma experiência como a minha. Fiz mentorias e cursos para mães e pais para que entendessem que, antropologicamente falando, temos comportamentos-padrão que interferem na felicidade familiar e na educação dos filhos.

Tudo isso, então, tornou-se este livro, meu rito de passagem, mostrando a realidade da minha vida e as reflexões de um pai que ficou viúvo e aprendeu muito, que deseja ver novas gerações recebendo referências diferentes e enxergando mais o lado humano nesse mundo que parece digitalmente selvagem demais para aceitar que o melhor da vida está em nossas relações, e o mais fantástico: que tudo isso é de graça.

CAPÍTULO 02

Nossas crenças e a maneira como vemos o mundo

O CUIDADO NÃO É MASCULINO, O CUIDADO NÃO É FEMININO, O CUIDADO É HUMANO.

Como ser uma família extraordinária?
@papaiemdobro

Já me senti perdido muitas vezes, mas nunca pensei que questionaria minha própria identidade. No início da pandemia, ali no fim de 2019, imaginei inúmeras coisas para 2020, mas não imaginava que existiriam momentos em que eu ficaria tão desorientado e ao mesmo tempo também não imaginava que aprenderia tanto.

Sim, aquele ano ficará nos livros para todo o sempre, assim como as histórias da Grande Peste ou da Gripe Espanhola. De fato, nos recolhemos um pouco de tudo e de todos e fomos obrigados a olhar mais para nós mesmos, para o nosso lar, e praticar mais a empatia e o autoconhecimento. Enfim, a pandemia da covid-19 estreou trazendo muitas lições sobre a organização das famílias. Com ela, aprendemos a nos reinventar para seguir com as novas condições de vida que nos foram impostas.

Confesso ter questionado a minha identidade algumas vezes durante aquele período por conta da rotina que tive que exercer. Por volta de maio de 2020, eu ainda atuava em uma grande multinacional e, ao fim de uma reunião com meu gestor, fui acionado para entregar um trabalho mais urgente. Até aí, tudo bem, pensei eu. Mas eram 11h50 e eu precisava entregar o trabalho até as 13h. Até aí, tudo bem também, pensei novamente.

O que não estava legal era a condição do momento: trabalhando em *home office*, com as duas crianças em casa, tendo que preparar o almoço, alimentá-las e colocá-las em frente a uma tela para assistirem às suas aulas. Nessa situação, como ficaria o trabalho? Ao narrar ao meu superior a situação, não fui compreendido. Trancado dentro do banheiro para poder conversar com ele sem o choro das crianças ao fundo, fui tomado por um sentimento de revolta com a situação, que me fez encerrar a reunião, baixar a tela do *notebook* e esbravejar: "Ele está achando que eu sou homem!". Foi uma frase que saiu automaticamente, sem eu perceber, foi inconsciente; afinal, a empresa na qual eu atuava era ótima, mas o gestor daquela ocasião não foi empático com a nossa situação. Ele achou que eu deveria largar tudo em nome do trabalho, a aula das crianças, o almoço, para que ele tivesse um dado para outra reunião.

Pensei muito nessa frase que foi exteriorizada sem querer. Foi algo que eu nunca havia concebido, mas agora entendo. Sou um homem com uma rotina feminina. Não que rotina tenha gênero, mas muitas vezes é com as mulheres que eu me conecto, pois eu e elas temos a mesma realidade e, por isso, muitas vezes eu as compreendo com mais clareza pela postura de cuidados que costumamos exercer, que parece invisível ao olhar de muitos.

Pensar "ele acha que sou homem" foi a explosão do cuidador que vive em mim. O cuidador que esbravejou com uma situação que muitos de nós, homens, não compreendemos: as rotinas domésticas, o cuidado com os filhos e toda a sobrecarga envolvida nisso. Esse homem, por instantes e inconscientemente, sentiu-se uma mulher e recebeu a graça da força e gana por mostrar que nós, homens, somos capazes de praticar o cuidado, assim como as mães, assim como as mulheres. Enfim, deu tudo certo como sempre, e o que mudou foi minha profissão, pois hoje ocupo o cargo de pai empreendedor e trabalho para uma empresa chamada Felicidade da Família. Ok, tenho um segundo emprego que me traz uma satisfação danada de boa e por meio do qual pago os boletos, mas a minha principal atividade, hoje, é fazer acontecer a felicidade no meu lar.

NÃO HÁ CULPADOS

Quanto mais procuramos culpados para os problemas das nossas relações, mais nos afastamos da solução deles. Sigmund Freud explica, em sua teoria psicanalítica, que a natureza humana tende a fugir de qualquer tipo de desconforto e sofrimento e, muitas vezes, procuramos por culpados para que, então, sejam validadas nossas dores e nossos desconfortos. Precisamos entender que nossas escolhas resultam em acontecimentos e geram gatilhos nos outros, acendendo traumas que sequer sabemos que existem; portanto, é óbvia a necessidade de nos conhecermos profundamente, e, se você está em uma relação, também está claro que precisa conhecer o outro a fundo.

Uma das fortalezas de qualquer relação – e isso inclui a individual, de você com você mesmo –, é poder acolher de maneira profunda tudo que a vida lhe oferece, uma busca sincera e transparente pela empatia. Quando um problema acontece, automaticamente saímos procurando o causador dele antes mesmo de começarmos a olhar a solução. É necessário inverter essa ordem, atuar pela resolução e, somente então, voltar para a causa, para entender o que em você ou no outro os levou a ter problemas ou desconforto, e assim por diante.

No prisma das relações humanas atuais, vivemos algumas crises que desejo dividir aqui com você. Há uma crise de confiança em muitas esferas; uma crise de identidade e de gênero, cujos papéis se misturaram; uma crise de diagnósticos e julgamentos em que todos são capazes de opinar e dizer o que está certo ou errado com poucas doses de fundamentação. Tudo isso tem acontecido pelo fenômeno das redes sociais e por conta das facilidades de julgamento da Era Digital.

Atualmente, muitas pessoas creem ter a capacidade de julgar que alguém tem transtorno do déficit de atenção com hiperatividade (TDAH), por exemplo, principalmente os filhos dos outros. Que facilmente, por uma simples atitude e poucas doses de fundamentos, podem chamar alguém de manipulador, egoísta. Tem sido muito fácil julgar por meio de miniconteúdos que podem ser facilmente disfarçados de frases de motivação em redes sociais. Julgar uma situação ou as atitudes das pessoas é inerente ao que chamamos de "ser humano". Acredito que é praticamente impossível não julgar; podemos até tentar disfarçar o julgamento, dizendo que é somente um ponto de vista, uma opinião, mas saiba: isso também é julgar.

Internalizei essa ideia do julgamento pelo fato de ter que culpar a Deus por ter ficado viúvo, por ter tirado das crianças o amor lindo que é o dos filhos por sua mãe. Esbravejei, chorei e até gritei em uma noite sozinho na praia a "injustiça" que eu estava vivendo. Nada disso adiantou, é claro, ao mesmo tempo que minha consciência se abriu para tudo que é impossível não julgar ou não culpar. Passei a entender que, já que eu não consigo tirar isso de mim, preciso, então, fazer isso com amor.

Hoje, recomendo que você julgue, dê sua opinião e seu ponto de vista, mas sempre acolhendo e buscando uma pauta mais amorosa em seus pensamentos, olhando para o ambiente, para o momento e entendendo o porquê daquele fato. Hoje eu posso dizer para você que encontro porquês de termos vivenciado a partida da Renata. Olhando meu passado, passei a acreditar no destino. Percebi que, ao longo da minha trajetória e dos meus momentos de vida, eu vinha sendo preparado para ser um pai solo, um pai com capacidade suficiente para criar, educar e nutrir duas crianças de colo de maneira solo.

Nossas crenças e a maneira como vemos o mundo **57**

Espiritualmente falando, chegou a mim algo que deu propósito ao meu trabalho atual como escritor, educador parental, psicanalista e palestrante. Algo que veio chacoalhar tudo que eu acreditava ser como homem e como pai. Agora, vejo que eu precisava realizar esse trabalho para mostrar para muitas pessoas que os homens são tão capazes de cuidar de seus filhos como as mulheres, sem tirar ou pôr habilidades.

O amor é a resposta. Um homem que não sabe cozinhar vai aprender se seu objetivo maior for o amor por um filho, ou então aprenderá como terceirizar a tarefa de fazer as refeições. O amor vai ensinar que um homem pode chegar a ter o sexto sentido, que julgamos ser uma habilidade feminina, por estar extremamente focado nas necessidades de seu filho, nas necessidades da família, nas necessidades de todos que ele ama e estão à sua volta.

O amor nos ensina a ter julgamentos mais benevolentes e menos egoístas, a sair do lugar de buscar no outro razões para aquilo que dói em nós. O amor ensina que você está no controle do que vai absorver, daquilo que você permitirá chegar às suas entranhas e fazer o trabalho que precisa ser feito. O amor tem resposta para tudo, mas precisamos estar atentos e participar desse sentimento, de ser quem conduz os caminhos para chegar até a maioria das pessoas de seu convívio.

O amor me ensinou que perguntar "Por que conosco, Deus?" não me levaria a lugar algum. O amor me ensinou que pensar coisas como "Se eu estivesse com ela, isso não teria acontecido" só me levaria para a dor. O amor me ensinou a não me culpar por tudo aquilo sobre o qual não tenho controle. Esses questionamentos e pensamentos são comuns para pessoas que vivem lutos e acontecimentos trágicos, mas nada é capaz de mudar o que aconteceu, então, mais uma vez o amor me ensinou que devo olhar onde eu estou, o que tenho de recursos e como posso melhorar daqui por diante.

O amor me ensinou a confiar, esquecer os julgamentos alheios e acreditar no que estou fazendo. Para isso eu sabia que precisava me cercar de pessoas que geravam essa confiança, pois não me viam como incapaz. Precisei pôr em prática tudo que eu estava lendo e estudando sobre famílias, praticar uma educação mais amorosa e acolhedora com meus filhos. Escutei muitas vezes: "Essa criança precisa de limites, senão quando ela crescer já viu, né?". Ainda mais por ser homem, todos achavam que podiam opinar sobre o que eu estava fazendo.

Uma vez, uma mãe me escreveu, nas redes sociais, que tinha um filho de 1 ano e que, se eu quisesse, ela poderia me dar dicas sobre os cuidados com os meus filhos. Respondi a ela que a recíproca era verdadeira, pois eu criava dois sozinhos desde que eles tinham 1 e 3 anos. A sensação da crise de confiança na sociedade está baseada na sensação de que sempre há alguém fazendo mais e melhor do que você. Às vezes, tudo o que mais precisamos é de apenas uma pessoa que acredite no que estamos fazendo, e essa pessoa pode ser você mesmo.

Nossas crenças e a maneira como vemos o mundo

Uma vez eu tive uma conversa muito séria com a Renata sobre um episódio com o Pedro. Ele nasceu com alergia ao leite. Não era intolerância, mas sim uma alergia severa; se uma gota de leite caísse sobre a pele dele, já surgia no local uma mancha vermelha. Demoramos meses para descobrir isso e, enquanto não descobríamos, me lembro da Renata perguntando às pessoas dicas e mais dicas de como parar as constantes crises de vômito do Pedro, pois nada que continha leite parava no estômago dele. Como o leite materno era a sua única fonte de alimentação, tivemos mais dificuldades em descobrir. Toda semana ela queria testar algo novo que alguém havia dito a ela e, consequentemente, toda semana tínhamos uma nova frustração.

Um dia, depois de mais um teste falido, ela se frustrou novamente e começou a chorar. Ao vê-la naquele estado, percebi quão difícil era errar com nosso filho, mas, mais do que isso, era errar por testar a ideia dos outros! Isso me deixava muito desconfortável, pois parecia que eu errava duas vezes, pelos outros e por nós. Então, tivemos uma conversa séria e decidimos que confiaríamos somente em nós mesmos. Começamos a estudar profundamente as causas do problema, encontramos a possibilidade da alergia. Renata, então, deu início a uma dieta livre de lacticínios e de traços de tudo que pudesse conter leite. Dias depois, por meio de um exame que evitamos ao máximo fazer, por ser muito invasivo para um bebê de apenas cinco meses, tivemos o diagnóstico de que o Pedro tinha alergia à caseína, a proteína do leite. Precisamos evitar que nosso filho consumisse esse alimento e seus derivados até os 3 anos, e para nós ficou a lição de que devemos confiar mais em nós mesmos e em nossos instintos, pois éramos nós os que mais conheciam a realidade dos nossos filhos.

A crise de confiança, causada com frequência pelas nossas comparações com pessoas que julgamos perfeitas nos perfis das redes sociais, nos faz sentir que nada é suficiente. Quando olhamos para nossas famílias em comparação com outras, sempre estará faltando algo, sempre há alguém fazendo melhor do que nós. Sem perceber, nos tornamos escravos da procura pelo que está nos faltando e deixamos de olhar o que estamos fazendo bem, de maneira saudável, e que gera bons resultados para as nossas famílias.

O amor é ancestral, mas pouco consideramos isso quando falamos da crise atual de identidade e de gênero. Antes mesmo de Cristo, o amor era solução para tudo, principalmente na forma de cuidado, de proteção de uma prole e de atenção às outras pessoas.

Margaret Mead, uma reconhecida antropóloga estadunidense que vivenciou duas guerras mundiais e deixou um vasto legado sobre a relação da cultura *versus* a personalidade, umas das pioneiras em trazer assuntos relacionados à identidade de gênero e aos valores sociais conectados à personalidade dos sujeitos, foi questionada por um aluno sobre quais seriam os principais vestígios da civilização humana. Margaret respondeu que o principal indício de civilização seria um fêmur quebrado. O aluno, espantado com sua resposta, lhe perguntou o porquê. Ela então respondeu que o fóssil de um fêmur cicatrizado, com cerca de 15 mil anos, seria para ela o primeiro indício de civilização, pois um dos principais ossos do corpo humano quebrado naquela época deixaria qualquer pessoa fadada à morte: uma perna quebrada a impediria de caçar, fugir e se locomover. Porém, tudo indicava que alguém havia ajudado essa pessoa, alguém tinha feito uma tala para imobilizar o osso quebrado, alimentado-a e cuidado dela até que estivesse recuperada. Ainda para Margaret, a civilização em que vivemos é o resultado do amor e da caridade que praticamos. O aluno esperava que sua professora trouxesse algo relacionado a pratos de barro, instrumentos de pesca e caça, e ficou surpreendido com a resposta humanizada de Margaret.

O cuidado é o ato amoroso de despender um tempo que seria nosso em prol do outro. Em uma família, vivemos um tempo em que esse valor tem sido executado muito mais por uma pessoa do que por outra, gerando um desequilíbrio que contribui para deixarmos nossas famílias disfuncionais. Estamos falando de uma família de homens casados com mulheres, mas também pode se encaixar para casais homoafetivos e outros formatos de família.

No livro *Sobre a arte de viver*, do historiador Roman Krznaric, há um estudo profundo sobre o comportamento humano e familiar ao longo dos séculos. Nele, apresentam-se fatos de como as famílias se organizavam antes e depois de Cristo. As condições sociais de cada época caracterizam o comportamento humano.

Vamos juntos, aqui, fazer um exercício reflexivo com base nos ensinamentos do livro. Suponha que observamos o século XV. Nele, predominava a ordem feudal, o trabalho servil e o abastecimento agrícola das cidades europeias. Nesse momento histórico, nosso país, o Brasil, era recém-descoberto, por isso nossa base de estudo será a sociedade europeia.

A força de trabalho daquela época era basicamente a manufatura e a mão de obra agrícola. As famílias trabalhavam juntas e tinham muitos filhos, pois, quanto mais pessoas na família, maior seria a força de trabalho. Ninguém saía às ruas; iam só de casa para o trabalho; todos tinham papéis misturados com os filhos, com sua propriedade, com suas casas e com a forma de sustento. Os feudos organizavam-se para cumprir as demandas das cidades e todos se ajudavam de alguma maneira; os papéis sociais de homens e mulheres eram definidos conforme as demandas de sustento e as obrigações em prol das ordens feudais.

No entanto, o tempo passou e a sociedade começou a enfrentar mudanças. Elas começaram com a invenção do carvão como um dos primeiros combustíveis fósseis utilizados. Imagine que a sociedade precisava de lenha para produzir suas refeições e seu aquecimento, e com o passar do tempo o trabalho de sair para cortar lenha foi substituído pela necessidade de recursos para obter o carvão. Então o homem passou a trocar seu trabalho anterior por essa matéria-prima.

Seguindo ainda o contexto histórico e pondo fim à era feudal, chegamos ao século XVIII. Vivemos a Revolução Industrial e houve o marco mais significativo e histórico na divisão de papéis entre homens e mulheres, pais e mães. Os homens passaram a trabalhar para as indústrias em troca de um salário para sustentar as famílias, e em contrapartida as mulheres passaram a atuar no trabalho doméstico, caracterizando assim algo que seria repetido até o início da Primeira Guerra Mundial.

Com o envio dos trabalhadores para o serviço militar em prol de fortalecer os exércitos para a guerra, no agravamento do conflito, as indústrias passaram a contratar as mulheres. Elas, então, se organizaram: as mais velhas cuidavam dos trabalhos domésticos e as mais jovens dos serviços que antes eram executados pelos homens. As mulheres passaram a ser uma das principais forças de trabalho. Com o retorno dos homens da guerra, começaram os primeiros movimentos feministas que protestavam pelos direitos iguais entre homens e mulheres, alcançando muitas conquistas. A sociedade passou a viver uma grande transformação pela luta de direitos femininos, na tentativa de equalizar as questões patriarcais que ocorrem até os dias atuais.

Voltemos para hoje em dia e vamos entender como as famílias se organizaram em consequência do que nossa ancestralidade nos trouxe, como as questões antropológicas e culturais ao longo dos séculos que nos fizeram chegar até aqui. Hoje, tornaram-se mais comuns as discussões sobre as conquistas femininas e nisso há um grande valor, pois como sociedade precisamos da equidade de direitos entre homens e mulheres. Discute-se muito também as questões patriarcais, os formatos de sociedade que sustentam a hegemonia masculina, o machismo estrutural, o feminismo e muitas mazelas da desigualdade de gêneros. Neste capítulo, não aprofundaremos esse tipo de discussão, mas vamos pincelar e tratar a compreensão dos problemas causados por essas circunstâncias e o que nos impede de ter famílias extraordinárias.

Vivemos a Era da Informação ou Era Digital, que em termos mais acadêmicos é tratada como a terceira onda da Revolução Industrial. A partir do início dos anos 2000, aconteceu uma democratização muito acelerada da informação, causada principalmente pelo advento da internet e das redes, dos celulares e *smartphones*. Muito do que estava apenas dentro dos livros agora está disponível em *sites* e portais que geram informações. Ficamos a um clique de matar nossa curiosidade sobre qualquer fato histórico, por exemplo.

Mas o que o advento da tecnologia tem a ver com as famílias? A maneira como formamos nossas famílias mudou repentinamente, assim como a maneira como educamos nossos filhos mudou de uma hora para outra por conta da disseminação da informação. Nossos relacionamentos começaram a sair da esfera das nossas casas e passaram a frequentar as redes sociais. Somos, atualmente, parte do resultado dessa transformação, o que tem impactado em muito as nossas relações familiares.

No passado, muitas mulheres não tinham acesso à informação e talvez não tivessem a ideia clara do quanto estavam mais sobrecarregadas do que os homens nos afazeres e nos cuidados domésticos. Com a informação mais disponível, elas, por direito, estão deixando de aceitar essa condição, o que é justo. Hoje, com um clique nos *sites* de busca podemos encontrar informações, como as do Instituto Brasileiro de Geografia e Estatística (IBGE), por exemplo, mostrando que as mulheres dedicam semanalmente 9,6 horas a mais do que os homens, depois de sua jornada de trabalho, nos afazeres e nos cuidados domésticos, um número que vem vagarosamente caindo, visto que em 2019 eram 10,6 horas a mais. Esse dado demonstra o desequilíbrio na responsabilização familiar pelas tarefas de casa.

Quando falamos de escolaridade, localidade, classe social e características físicas, os dados se tornam ainda mais alarmantes. Por exemplo, o Nordeste tem o pior índice de participação masculina nos afazeres domésticos, sendo que as mulheres negras são responsáveis por 92,1% desses afazeres. É notório o problema social aqui, com dados estatísticos suficientes para entendermos que há dupla jornada para as mães e uma jornada menos sobrecarregada dos pais.

Tudo isso poderia ser considerado até normal, mas não é! Com a sobrecarga feminina, as discussões familiares crescem e o ambiente doméstico paga essa conta ancestral. O estresse mental das mulheres as torna mais doentes por estarem ocupadas mentalmente o tempo todo. Ele pode levar a dores físicas por conta da alta ansiedade em tentar gerir tudo, à insônia por colocar a cabeça no travesseiro tendo que pensar no que precisa ser resolvido no outro dia, ao cansaço, a dores estomacais, a problemas emocionais e todas essas moléstias que acometem as mulheres e reverberam também na saúde da família.

Quando estava casado com a Renata, ao chegar do trabalho, eu me sentia como um trator: guardava brinquedos, já ia dar banho nas crianças ou preparar o jantar, limpava a casa e assumia muitas tarefas domésticas. Me sentia um baita pai e um grande homem por isso. Muitas vezes entrava em discussões com ela sobre o que devia ser feito em casa; ela dizia que estava sobrecarregada e eu respondia "Mas como?", se eu tinha feito isso ou aquilo.

Quando me tornei viúvo, compreendi o que ela queria me dizer: o mais cansativo não era executar; o que a sobrecarregava era pensar. Nós – ou a maioria de nós –, homens, quando somos considerados bons pais, estamos falando de ser bons executores, aqueles que aguardam um comando para, então, fazer o que precisa ser feito. Até realizamos cuidados e afazeres do lar sem esse comando, mas muito baseados na execução, e não na gestão.

Quando há uma reclamação por parte das mães, a gente costuma dizer: "Mas era só ter pedido!". Vamos falar mais adiante de tudo o que está relacionado ao pedir, mas desde já precisamos deixar claro que pedir também é uma tarefa mental. Ao me tornar um pai solo, precisei pensar em tudo, e não só executar, como eu estava acostumado. Me vi perdido, pois tinha de pensar em marcar o pediatra, monitorar as vacinas, verificar se a roupa do judô do Pedro estava limpa, pensar o que eu deveria fazer para o almoço, para o jantar, garantir que havia uniformes para os dois irem à escola, checar se havia meias limpas, verificar a agenda da escola com os pedidos das professoras, os aniversários dos coleguinhas de classe, os presentes, as roupas que iam usar na festinha, garantir que havia os itens para as lancheiras nos armários, para a higiene da família, ao mesmo tempo que cuidava da minha atividade profissional, dos pagamentos das contas da casa, da maneira afetiva de criar filhos educados... Enfim, era um grande desafio mental gerir tudo que precisava ser feito e que, ao olhos da maioria das pessoas, e principalmente dos homens, era um trabalho invisível. Mas por que não temos essa consciência? Por que não vemos isso também como um trabalho? Por que geralmente essas tarefas ficam a cargo somente das mulheres?

UM POUCO DE HISTÓRIA

Vamos entrar aqui no contexto histórico e ancestral pelo viés masculino. No período Pós-Revolução Industrial, ficou determinado socialmente que o homem deveria ser o responsável pelo sustento e pela estrutura da família, como comentei anteriormente. O tempo passou, as mulheres assumiram também essa responsabilidade e passaram a integrar cada vez mais o mercado de trabalho. Porém, a responsabilidade com os afazeres e os cuidados domésticos não teve a integração masculina, como ocorreu com a feminina no âmbito profissional, contribuindo para um desiquilíbrio entre as funções atribuídas a cada gênero. As mulheres chegam em casa após sua jornada de trabalho profissional e assumem o turno do trabalho pela família, enquanto nós, homens, chegamos em casa depois do trabalho para descansar.

Essa realidade está intrinsecamente incorporada ao nosso ser social, à nossa cultura. Mas, então, quem é o culpado por essa situação e como resolveremos isso? Digo que não há culpados, pois, pelas questões antropológicas, os homens também não receberam estímulos de seus pais e ancestralmente não foram formados para assumirem esse papel. São pouquíssimos os casos em que os pais da nossa geração assumiam integralmente, ao lado de suas esposas, os cuidados da casa e dos filhos.

Os homens não têm essa referência comportamental para seguir como exemplo, pois desde meninos são estimulados a buscar o sucesso profissional e o fornecimento de estrutura financeira como sua principal razão de existir, de honrar a masculinidade. Quando falamos de filhos, pensando em um equilíbrio familiar, que eu gosto de chamar de equidade parental, precisamos criar novas referências masculinas para que as próximas gerações possam ser mais participativas e esses dados se tornem mais equilibrados.

Eu poderia dar, aqui, muitos exemplos da falta de estímulos para que os homens ajam de maneira diferente. Vamos falar de uma loja de brinquedos. Na ala dos brinquedos para meninas, o que mais vemos são minieletrodomésticos cor-de-rosa, fogões, refrigeradores, ferros de passar, bonecas para vestir e mais uma porção de coisas que estimulam as meninas a brincarem de cuidar.

Na ala dos meninos, por sua vez, encontramos um universo muito mais abrangente de brinquedos voltados para jogos, esportes, quebra-cabeças, armas, super-heróis e assim por diante. O problema está na falta de entendimento de gêneros: queremos homens adultos mais participativos nas tarefas e nos cuidados domésticos, mas que estímulos estamos entregando aos meninos sobre isso?

Eu precisei perder minha esposa para reconhecer quão desequilibradamente as famílias vivem em relação aos seus papéis. Precisei exercer o que chamam de uma "rotina feminina" para passar a compreender quanto as mães estão mais sobrecarregadas que os pais. Entendi também que muitas vezes essas mulheres, por desejo de honrar suas ancestrais, querem dar conta de tudo sozinhas. Entendi que muitas, ainda, reclamam por estarem sobrecarregadas, mas ao mesmo tempo condenam quando um homem pouco instruído no que se refere aos cuidados domésticos entrega um resultado aquém da qualidade de quem já faz isso há muito tempo, dizendo que "Se for para fazer assim, deixa que eu faço". Essa frase ecoa nas paredes do lar sob a perspectiva de crítica de que um homem não é bom o suficiente para executar aquela tarefa.

Se por um lado existe um preconceito inserido na consciência coletiva de que os homens não são bons o suficiente para cuidar, por outro também não temos muitas referências de homens cuidadores. Muitos deles acreditam que saber e praticar o cuidado doméstico os torna homens mais femininos, mais frágeis e menos viris. Confesso até que isso nunca existiu em mim, por vir de uma família muito simples. Aos 10 anos, eu já cozinhava, cuidava da casa e levava minhas duas irmãs menores para a escola. Meus pais precisavam trabalhar, e eu era um dos recursos da família para a realização desse tipo de trabalho. Isso facilitou muito minha compreensão do lar e dos afazeres. Porém, é muito comum os meninos nunca terem tocado em uma louça que precisa ser lavada, nunca terem colocado suas cuecas para lavar, nunca terem participado da preparação de uma refeição, pois isso está ligado social e inconscientemente ao que pode ser considerado uma tarefa feminina.

As tarefas que envolvem cuidado com a casa e os filhos não são femininas nem masculinas, são humanas! Assim como a recuperação daquela pessoa com o fêmur quebrado em nossa pré-história indicava ter havido cuidado humano, as nossas tarefas de hoje deveriam ser consideradas cuidados, cuidados humanos. Em nenhum momento eu disse que foi uma mulher que prestou ajuda, foi mais um ser humano que viu a necessidade do outro e resolveu ajudá-lo.

Precisamos desvincular os cuidados dos gêneros, olhando para o lar de maneira similar ao departamento de uma empresa. Diante dessa minha afirmação, você pode até pensar: "Não, eu não quero um lar que pareça uma indústria!", mas também não é isso o que quero dizer. Precisamos entender que existem afazeres que necessitam ser delegados, conforme a capacidade de cada um e o número de pessoas capazes de honrar os compromissos familiares. Isso envolve homens, mulheres e filhos, independentemente do formato da família.

Precisamos entender também a logística dos processos. Para lavar roupas, por exemplo, é necessário organizá-las por cores, lavá-las separadamente; depois de lavar, é necessário colocá-las para secar e ainda recolher as que estão no varal. Para lavar louça, é preciso verificar se há detergente para a execução.

Em uma empresa, elegeríamos responsáveis por cada departamento. Alguém seria responsável pelos suprimentos para execução, outro ficaria responsável pela execução, um possível terceiro ficaria responsável pelo armazenamento do produto pronto, e assim por diante. Em um lar, tudo isso tem ficado a cargo apenas de uma pessoa, e achamos isso "normal".

Quando o fardo está pesado demais para uma pessoa, nos reunimos para reorganizar as tarefas de acordo com a competência de cada um. Quando vivemos em coletividade e alguém carrega muito peso em sua mochila, isso significa que ele está deixando a mochila de alguém mais leve, o que não me parece justo. Equilibrar a bagagem entre todos, já que os objetivos – a felicidade familiar – são os mesmos, deveria ser um dever de todo mundo. Não podemos querer organizar nossas famílias como fazíamos há dois séculos; está mais do que na hora de quebrarmos padrões antigos e ancestrais para conquistar a felicidade em grupo. Precisamos dialogar amorosamente sobre isso, deixar de procurar culpados e tentar entender o que precisa ser feito para que haja uma mudança comportamental que vai reverberar nas próximas gerações.

Um lar feliz envolve muita confiança, identificação e respeito. Esses são os pilares para que possamos formar crianças seguras e emocionalmente saudáveis para encarar a vida adulta. Com esses pilares, também conseguimos melhorar relacionamentos que por vezes estão desgastados, que precisam de uma reconexão e um entendimento maior do que realmente é importante. Com eles, podemos estabelecer novos objetivos estruturais e emocionais para que haja felicidade plena.

Caso você seja uma mãe ou um pai solo, caso esteja separado, tudo que falaremos aqui também poderá ajudá-lo em sua relação com seu filho ou com seu ex-cônjuge, levando à consciência do que realmente importa para você na formação de uma nova família.

QUANDO OS HOMENS SE ENVOLVEM COM AS ATIVIDADES DO CUIDADO, NÃO SE TORNAM MAIS FEMININOS, APENAS GANHAM MAIS HABILIDADES PARA O SEU MASCULINO.

Como ser uma família extraordinária?
@papaiemdobro

CAPÍTULO 03

Confiança, identidade e respeito

Nos dias de hoje, é quase impensável contar o número de formações familiares. Um censo internacional realizou uma pesquisa e apontou que existem na atualidade 196 tipos de formações familiares diferentes, ou seja, o modelo familiar se tornou algo tão plural que não conseguimos fazer mentalmente as combinações possíveis. Dentre tantas, não importa qual seja a sua, saiba que você é o grande especialista nela; ninguém a não ser você conhece todas as suas particularidades, todas as suas características de personalidade e possui total autonomia para fazer aquilo que lhe parece certo.

Nos capítulos anteriores, falamos sobre a importância da autoconfiança, das crenças da sociedade em relação aos papéis dos gêneros, da identificação relacionada ao autoconhecimento, da empatia pelo cônjuge, da ancestralidade que cada um carrega e do que é importante deixarmos para as novas gerações. Quando temos algum problema de saúde, alguma questão jurídica ou que necessite de alguém muito informado, procuramos um especialista. Com as questões familiares não é diferente, mas nesse caso o especialista em sua família é você, então confie naquilo que você acredita estar correto; siga seu coração e seu instinto, pois você é o principal responsável pelas suas conquistas familiares. Você é o guia fundamental para alcançar o extraordinário em suas relações familiares, que se estenderão a todo seu convívio social.

Com o método Supersimples, que apresentarei a você neste livro, será possível deixar suas relações mais leves e práticas. Não se trata de uma receita de bolo; trata-se de uma experiência vivida e que deu muito certo. Sendo assim, você tem total condição de fazer ajustes para aquilo que for o ideal para você. O mais importante é quebrar ciclos que prejudicam entendimentos, resgatar a confiança, a identificação e o respeito, que são as bases estruturais de uma família extraordinária.

DESENVOLVENDO A PRÓPRIA CONFIANÇA

Entenda que aquilo que parece ideal para você talvez não o seja para o outro, portanto não caia no erro da comparação. Entendo que hoje nos comparamos mesmo sem querer, mas a comparação nunca vai parecer justa, pois, por mais que conheçamos alguém com profundidade, não temos a mesma estrutura emocional de uma pessoa que viveu experiências e circunstâncias diferentes das nossas. Por mais empáticos que busquemos ser em relação ao outro, nunca poderemos internalizar as experiências do ponto de vista de terceiros.

A Era Digital nos trouxe problemas crônicos de saúde mental e de bem-estar, muito pela facilidade de comparação entre a nossa vida e a dos outros, sugerida pelas redes sociais, e o fácil acesso a miniconteúdos, pequenos recortes de informação que se tornam verdades absolutas aos mais desprevenidos.

Aquela mãe famosa que acaba de parir e faz uma postagem com seu filho no colo em um belo quarto da maternidade, sorrindo, plena, de maquilagem feita, com os cabelos escovados e a roupa combinando com a primeira peça de roupa do bebê, é uma grande armadilha emocional para quem, muitas vezes sem querer, tem o costume da comparação.

No final das contas, o que ninguém vê é que essa mãe famosa está cheia de pontos na barriga ou sofrendo com as dores consequentes do parto normal, com os peitos doloridos na esperança de que o colostro saia logo, tendo dificuldades de se locomover pelo cansaço físico de um parto, com olheiras escondidas, resultado das noites difíceis do pré e do pós-parto, e nada disso está sendo mostrado. Toda vez que eu vejo algo nesse sentido fico pensando no impacto que essa pessoa está gerando em seus seguidores: quem não tem filhos e pensa em um dia ter começa a armazenar mentalmente essa romantização irreal do que seria esse momento.

Confiança, identidade e respeito **79**

O estudo realizado pela We Are Social e pelo HootSuite – *Relatório de Visão Geral Global Digital de 2022* –, publicado pela Associação Paulista de Medicina, aponta que os brasileiros passaram, em média, mais de dez horas por dia na internet, sendo três horas e quarenta e um minutos nas redes sociais em 2022, e o Brasil é o terceiro país do mundo no consumo de redes sociais. Jair Soares, presidente do Instituto Brasileiro de Formação de Terapeutas (IBFT), menciona:

> *O uso excessivo das redes sociais pode levar ao desenvolvimento de diversos problemas. Isso pode ser causado por uma série de fatores, como comparação social, cyberbullying, exposição a notícias negativas, isolamento social e falta de interações sociais significativas no mundo real.[2]*

Temos convivido com dados alarmantes sobre o aumento de problemas emocionais causados pelo tempo gasto na internet e nas redes sociais. Conforme apontamento da Organização Mundial da Saúde (OMS), a depressão e a ansiedade cresceram mais de 25% nos

---

2 DINO. Volume de redes sociais pode afetar saúde mental. **O Globo**. 9 mai. 2023. Disponível em: https://oglobo.globo.com/patrocinado/dino/noticia/2023/05/volume-de-uso-de-redes-sociais-pode-afetar-saude-mental.ghtml. Acesso em 12 jun. 2024.

últimos dois anos, portanto devemos ter muito cuidado e atenção diante desses riscos, principalmente com crianças, adolescentes e jovens.

Para fugir dessas armadilhas das comparações e dos demais problemas emocionais, foque o seu próprio mundo e confie, confie, confie em você! Tudo o que você deseja, pensa, faz com amor e respeito será sempre o melhor que você pode entregar para a sua família e para o mundo. Evite ao máximo comparar-se com situações irreais, pois cada comparação como essa simboliza descer um degrau em sua autoconfiança.

Precisamos ser pessoas reais para impulsionar a confiança, para criar filhos em ambientes seguros, para tranquilizar cônjuges e ser respeitados por quem somos, e não pelo que outras pessoas desejavam que fôssemos. Busque praticar a autoconfiança, creia nas suas habilidades, perceba sua parcela de responsabilidade e a aceite com amor; procure se autorresponsabilizar com respeito, tendo a consciência de que as atitudes e decisões que o trouxeram até aqui foram tomadas com o melhor que você tinha em cada momento.

COMPREENDENDO A PRÓPRIA IDENTIDADE

Qual seu significado para a sua família? Não costumamos falar sobre isso, mas a busca pelo autoconhecimento é uma viagem profunda de amor-próprio. Construir seu amor-próprio exige tempo e muita resiliência.

Entender suas crenças e o porquê de elas terem sido formadas, acolher sua infância compreendendo seus traumas e entendendo que seus pais fizeram o melhor que podiam com as ferramentas de conhecimento que possuíam é libertar qualquer rastro de culpabilização da pessoa que você é hoje. O passado é um sábio livro de consultas, porém viver no passado não é sábio. O futuro são as consequências das nossas atitudes do presente, então esteja presente, pois o presente é tudo que você tem para o momento.

Embora planejar o futuro seja superimportante, viver nele também não é sábio. Quando estamos muito ocupados pensando no que vai acontecer, perdemos oportunidades que o presente nos oferece. Deixamos de perceber quantas alegrias descansam na simplicidade de um dia comum. Planejar demais o que pode acontecer vai fazê-lo ficar recalculando a rota o tempo todo; ao viver no que está por vir, aumentam suas chances de frustração, pois o futuro é o livro das possibilidades; é ler um livro novo com o mesmo título todos os dias.

Precisamos entender que, ao despender muito tempo com o futuro, geramos ansiedade. Entretanto, ao despender muito tempo com o passado, geramos a depressão. Sobra para o presente apenas o estresse de lidar com tantos pensamentos; então, para que sejamos leves, permanecer mais tempo no presente é ler o livro do agora. Nele, as páginas estão em branco, esperando para serem escritas. Não é sábio você investir tempo escrevendo as dores do seu passado nem tentando prever tudo o que pode acontecer no futuro. O sábio é escrever a simplicidade do presente. Atenha-se ao presente; ele é o significado do passado e a construção do futuro.

Nunca fomos ensinados na escola ou na universidade sobre a identidade do tempo. Quando perguntamos para uma pessoa se ela está bem, sua resposta geralmente é automática: "Estou na correria, com muita coisa para fazer". Diante de uma resposta dessas, tenho vontade de dizer: "Não quero saber como você está gerindo seu tempo, quero saber se você está bem!". Estudamos a gestão do tempo, mas não o significado dele em nossas vidas. Como as pessoas mais velhas costumam dizer: "Aproveite, que logo eles crescem; aproveite, que logo você estará como eu: velhinho". Eles estão certos, é como se dissessem: "Você só vive uma vez na sua vida esse dia, essa hora, esse minuto, logo será outro instante e de repente seus filhos estarão dirigindo seu carro", então aproveite esse instante.

Sigmund Freud, conhecido como o pai da psicanálise, o precursor dessa ciência, assim como outros estudiosos do comportamento humano e da neurociência, revela que 90% dos nossos problemas emocionais foram gerados do nascimento aos 7 anos, muito por conta das fases do desenvolvimento cerebral, que só termina perto dos 25 anos.

Essas informações da infância ficam armazenadas no que chamamos de subconsciente, aquilo que está em nós e nem sabemos que existe. A estrada do autoconhecimento passa pelo processo terapêutico de trazer os traumas do subconsciente para o consciente, e quando chegamos a essa fase é possível entender as reações automáticas que nem nos damos conta de que temos.

Acredito que todas as pessoas deveriam passar por algum processo terapêutico não só para se conhecerem melhor ou para resolver algum problema emocional, mas também para que possam utilizar melhor suas capacidades cognitivas e comportamentais, reforçando seus relacionamentos sociais e familiares por meio do significado que dão a si mesmos. Perceba que saber identificar quem somos nos gera confiança, e a confiança nos ajuda a entender quem somos. Por isso, entender o que vivemos na infância, suas causas e consequências, nos ajuda a evitar frustrações.

A identificação também passa pela questão da "identidade de gênero". Coloco aspas aqui, pois os papéis ancestrais dos comportamentos ditos masculino e feminino viveram grandes transformações em pouquíssimo tempo. A chegada da pílula anticoncepcional e de todas as motivações feministas, por exemplo, trouxe mais consciência da igualdade de direitos e, consequentemente, levou as mulheres a combater o formato patriarcal com o qual, ao longo dos séculos, a sociedade se organizou.

Nesse processo, tivemos que recalcular a rota, nas famílias e nas organizações, para nos adaptar a esse novo formato social, que vem crescendo a cada dia. Nós, homens, passamos a nos questionar muito mais sobre o que é ser masculino. Nas diversas rodas de masculinidade que desenvolvo Brasil afora, percebo a mesma dúvida: ser o homem que a sociedade contemporânea espera *versus* o homem que foi formado pelos nossos pais e avós. Em um trabalho que realizei recentemente, chamado "Homens do Amanhã", que tem como objetivo resgatar a autoconfiança e criar espaços seguros para a discussão da masculinidade por meio de rodas de conversas, pesquisas e outras ações, de maneira on-line, ouvimos o depoimento de um pai de adolescente do gênero masculino dizer que seu filho não queria mais ser homem, uma vez que ele estava recebendo conteúdo de diversas formas relatando o quão tóxico, manipulador e narcisista se caracterizava o seu gênero. O pai narrou a preocupação desse garoto: "Pai, eu não quero mais ser homem, pois todo mundo me diz que ser homem é ser opressor, violento e cruel". As novas gerações estão crescendo com um questionamento tendencioso à negatividade no que tange a ser masculino e homem. No documentário *O silêncio dos homens*, produzido pelo querido Guilherme Valadares, há diversos depoimentos a respeito da falta de espaços ímpares para que homens questionem a maneira como foram educados para ser, em detrimento do que esperam deles. A caixa do homem, como o documentário apresenta, refere-se a comportamentos padrão e fora do contexto atual do que é esperado da sua masculinidade; estando entre eles, o homem não poder falar o que sente nem chorar, tem de resolver seus dilemas com violência, ter muitas mulheres – tudo isso para se enquadrar no grupo de homens de verdade. Rafael Stein, um querido colega e também pai solo, relatou

Confiança, identidade e respeito **85**

que, assim como eu, precisou se redescobrir e viveu os dramas do julgamento da incapacidade masculina de ser um bom cuidador, de uma falsa ementa de fragilidade por atuar de maneira solo por sua família. Como disse antes, nós, os pais solo, somos apenas 3,6% das famílias em nosso país, e essa onda de cuidado flerta com feminilidade, o que não é verdade.

O sentimento de muitos homens é de que estão encurralados, sem poder dizer o que pensam, sem saber como agir em certas circunstâncias, pelo medo do julgamento que receberão por pessoas nascidas nas décadas de 1960 e 1970 *versus* o pensamento dos mais jovens. Seria uma crise da masculinidade? Não, não é! É apenas um momento de transição, de expansão da consciência.

Em sua maioria, os homens acreditam que muitas atividades de cuidados deveriam ser reservadas às mulheres, pois assim a sociedade organizou as famílias ao longo da história. No entanto, uma nova vertente masculina tem demonstrado que o cuidado não deve ser atrelado a apenas um gênero.

Vivi algumas situações em que sofri preconceito por realizar todos os cuidados dos meus filhos e ser um pai solo. Muitas mulheres não acreditavam no que eu dizia apenas por não vir de uma mulher. Ouvi inúmeros relatos de pais que estavam em consulta médica e a pediatra só direcionava as perguntas à mãe.

Uma vez, em uma reunião da escola com dez pais e nove mães (acredite, eu cheguei a contar), a diretora dava os recados: "Vocês, mães, precisam deixar seus filhos à 1 da tarde para que haja tempo de eles chegarem prontamente à sala de aula"; "Mães, não se esqueçam de olhar a agenda com os dias das atividades extracurriculares...", e por aí vai. Havia mais pais que mães na reunião, e mesmo assim a diretora insistia em pregar para um grupo misto como se todos fossem mães.

Certa vez, um pai me confidenciou que tentara entrar no grupo de WhatsApp da escola, mas foi impedido, pois aquele espaço era reservado apenas para as mães.

Com esses exemplos, quero dizer que precisamos entender que, se queremos pais e homens mais participativos nas tarefas dos cuidados, devemos reservar um espaço a eles. Por isso é tão importante saber quem você é, pois o autoconhecimento gera estímulos que resultam em experiências; por fim, a experimentação das coisas que precisamos realizar faz com que tomemos gosto, vontade e prazer na execução dessas tarefas.

Não conheço nenhuma pessoa que goste de alguma atividade que nunca tenha realizado. A execução das coisas gera a experiência do aprendizado, de gostar de fazer algo e, assim, aperfeiçoá-lo. Esse espaço é importante para que consigamos criar a identificação do homem com o papel do cuidador. Não estou querendo dar mais um trabalho às mulheres, pois sei que muitas delas têm motivos suficientes para não crer em uma transformação masculina. Ao mesmo tempo, porém, algumas pesquisas apontam que homens com menos de 30 anos estão muito mais participativos e interessados nas atividades do cuidado. Uma pesquisa encomendada por uma grande indústria brasileira de cosméticos, chamada *Retratos sobre a paternidade no Brasil*[3], revelou que pais das gerações millennial e X são mais participativos, doam mais afeto e dialogam de modo mais amoroso com seus familiares. Homens precisam ser educados de maneira parecida às meninas para que criemos esse estímulo e as famílias disfuncionais fiquem apenas nos livros de história.

Mas o caminho para isso é longo. Há muita consciência a ser gerada, pois ao escrever este livro me deparo com o novo censo demográfico, que aponta que, em 2023, houve um amento de 6,5% de registros de nascimento contendo apenas o nome da mãe na certidão. Além disso, há a descredibilização do homem, que é reverberada com a criação de grupos de apoio ao machismo – por exemplo, Red Pills, Incel, Sigma, entre outros –, uma identificação que oprime o outro gênero.

Isso não é – ou não deveria ser – uma competição de gêneros. Não queremos uma luta de mulheres contra homens, queremos um diálogo honesto em que todos possam ser felizes e reverberar essa felicidade em nossas famílias.

---

3 FRANCA. C. V. Retratos sobre a paternidade no Brasil. **Boticário**. 25 jul. 2022. Disponível em: https://www. boticario.com.br/dicas-de-beleza/retratos-sobre-a-paternidade-no-brasil/. Acesso em 12 jun. 2024.

Toda vez que me perguntam da minha paternidade, eu preciso dizer que sou um "pai tipo mãe", para que a pessoa entenda meu nível de participação na criação dos meus filhos, pois sou o único cuidador deles e algumas pessoas acreditam que eu, ou qualquer homem, não seria capaz disso. Eu gostaria de dizer que sou um pai e isso basta, mas para muitas pessoas eu preciso explicar meu tipo de paternidade.

Portanto, somos os principais responsáveis pelas atribuições relacionadas às identidades de gênero e pelos significados que decorrem delas, para que possamos criar uma nova vertente de consciência ao redor do assunto. Essa consciência também é necessária para que famílias mais funcionais deixem as questões de gênero e seus papéis no passado, visto que todos em uma família podem assumir responsabilidades de acordo com suas capacidades e competências e encontrar algo extraordinário nisso, como a felicidade e a alegria de pertencer à própria família e o orgulho de ser um dos responsáveis por um lar que visa ao bem de todos.

Talvez esse seja meu desejo mais profundo. A dificuldade está nas ferramentas que temos usado para alcançar esse objetivo e, nesse caso, a discussão de papéis e gêneros é de extrema importância para que todos construam isso juntos, visto que ninguém é capaz de fazer esse trabalho extraordinário de maneira solo.

RESPEITOSAMENTE, O RESPEITO!

Mariana é muito parecida com a mãe dela. Essa semelhança espanta quem teve o prazer de conviver e de conhecer a Renata. Muitas vezes, algumas pessoas próximas chegam de mansinho e se dizem impressionadas com tamanha semelhança. Isso não apenas em sua aparência, pois elas são parecidas também no temperamento. A Mariana faz muitas vezes as mesmas poses para fotos, ri de maneira parecida à de Renata, gesticula com as mãos e faz caras e bocas muito similares às que a mãe fazia, o que espanta por elas terem convivido por apenas um ano.

Falamos dessas semelhanças sem evidências científicas, mas com base na análise de que um bebê não pode ter aprendido a repetir os comportamentos da mãe tendo convivido apenas um ano com ela a partir do seu nascimento.

Renata era brava e decidida, de personalidade muito forte e ao mesmo tempo amorosa. Em grupo era tímida e demorava a se soltar. Minha filhota também é assim e esse foi um ponto crucial para eu começar a entender que herdamos geneticamente muitas características que vão além da aparência física. Em nosso código de DNA, armazenamos também dados de comportamentos e experiência.

Há uma grande leva de cientistas apontada pelo jornal *Gazeta do Povo* que começa a questionar até que ponto o nosso comportamento é produto da nossa própria vontade ou simplesmente predeterminado pela nossa herança biológica. Há algumas pesquisas em com alguns resultados mostrando que há evidências de que experiências vividas por nossos pais podem mudar a expressão genética sem mudar o DNA – esses são chamados de processos de epigenética, conforme cita o Center on the Developing Child da Universidade Harvard.[4]

A psicologia sistêmica, um ramo da psicologia teórica e da psicologia aplicada que estuda o comportamento e a experiência humana como sistemas complexos, ainda que seja um pouco contestada, aponta a influência e também a herança de traumas de nossos pais em nós. Assim como herdamos a propensão a ter diabetes, podemos herdar um jeito ou modo de pensar baseado nas experiências que nossos pais viveram.

Essa complexidade científica toda só reforça a crença do quanto devemos respeitar nossos pais, nossos ancestrais e toda a cadeia que geneticamente nos trouxe até aqui. O respeito por quem somos precisa desse entendimento profundo; precisamos aceitar a nós mesmos como somos para que possamos aceitar o outro completamente.

Ver a semelhança da Mariana com a mãe me traz a necessidade de respeitar não só a vida da Renata, mas a bagagem de seus pais, suas heranças históricas e vivências, pois isso é também respeitar meus filhos.

---

4 CENTER DIRECTOR. O que é epigenética? **Center on the Developing Child at Harvard University** 2024 Disponível em: https://developingchild.harvard.edu/translation/o-que-e-epigenetica. Acesso em: 29 maio 2024.

Confiança, identidade e respeito

filhos. Conseguimos manter a mesma relação, quase como se a mãe estivesse aqui, um respeito em forma de convivência no qual os avós maternos e a madrinha das crianças, minha cunhada, conseguem todos ser muito presentes, contando histórias, participando dos momentos e, às vezes, até da rotina das crianças.

O respeito conduzido dessa forma profunda faz com que entendamos melhor alguns porquês em nossas vidas. Eu sempre estou no exercício de respeitar algo em mim que vem como herança do comportamento de meus antecessores. Tudo que herdei de positivo soma; o de negativo, tendo a consciência, eu preciso mudar. Sabe aquela coisa que você achava muito chata nos seus pais e dizia que nunca iria fazer, mas chega certa altura da vida e você se dá conta de que, mesmo não querendo, está repetindo o padrão? Muito disso acontece pela não aceitação do comportamento do seu pai ou da sua mãe, exatamente como ele ou ela é.

Costumamos perceber o respeito na maneira que tratamos as pessoas, em como nos sentamos à mesa, pelo tom de voz que usamos e assim por diante. Tudo isso consiste na forma de valor que aliamos ao respeito. Esquecemos de olhar para o respeito primitivo de enxergar as pessoas como elas são. O respeito baseado no comportamento simplifica demais esse valor humano; precisamos questionar as circunstâncias com base nas pessoas que levaram àquele comportamento.

Certa vez, em uma palestra, um pai veio conversar comigo sobre seus filhos, suas dificuldades de se conectar com eles, dizendo que os filhos nunca desejavam estar com ele; as crianças demonstravam certo respeito pela mãe, mas pouco respeito por ele. Perguntei como eram suas rotinas e ali pude entender a causa básica da situação: aquele homem era mais um entre tantos que queria ser reconhecido muito mais pelo seu sucesso profissional do que pelo pai que era para o filho. Ele dizia que se sentia melhor indo até muito tarde no trabalho para honrar seus compromissos financeiros e estruturais do que estando com o filho fazendo coisas que a mãe dele poderia fazer, já que ela não precisava trabalhar. Esse pai não estava respeitando a si mesmo e não estava respeitando sua família por priorizar apenas o que era bom para ele: no caso, o trabalho.

Esse pai me fez construir uma reflexão importante sobre o respeito, principalmente o respeito estrutural. Como assim? Respeito estrutural? Deixa eu contar que em muitas famílias o pai é considerado o legal e a mãe é a chata. Talvez você já tenha ouvido que o pai é o divertido e brincalhão, e a mãe é a chata por cobrar apoio, colocar as crianças para fazer lição e assim por diante. Não é assim em toda família e, quando é, nem sempre é tão radical. Ao mesmo tempo, há muito nesse caminho, às vezes oculto, nas atitudes de um ou do outro, fazendo que haja uma caixinha para guardar o "mais legal" e o "mais chato". Em geral, o mais chato fica reservado às mães, aquelas que empenham uma força muito maior em prol de cuidar da higiene, da postura, do modo educado de se comportar à maneira correta de se vestir... Enfim, a postura de chata! E o pai é o do exemplo do trabalho, de ser alguém que brinca de tudo, que não cobra tanto quanto a mãe e sempre tem um colo seguro... Ou seja, ele é o "legal"!

Muitas vezes, os pais ficam divididos entre a necessidade de criar um adulto responsável e seguir a ideia do estresse *off*, em que não incentivam o filho a tirar o pijama, escovar os dentes, tomar banho e assim vai.

Vamos ser práticos, então. A mãe passa um mês querendo ir ao salão, pintar os cabelos, fazer as unhas. Sentir-se livre e ter um momento de autocuidado, um momento muito importante para ela! O maridão, enfim, compreende a situação e resolve passar o sábado com as crianças! São os dois filhos e o pai.

Depois de um dia para si, a mãe chega em casa às 7 da noite, feliz, leve e linda! Mas, ao abrir a porta de casa, se depara com o pai "legal"! Aquele que deixou as crianças até as 7 da noite de pijama, deu salgadinhos e *nuggets* de almoço, não cobrou que eles escovassem os dentes nem comentou nada de banho; o pai que permitiu que passassem o dia inteiro em frente às telas, migrando da TV para o *tablet*, do *tablet* para o celular... Enfim, o pai "legal" e a mãe chata, que agora vai surtar por ter tanta louça na pia, brinquedos espalhados pela casa toda, pratos debaixo do sofá. Assim, quinze minutos depois ela já está despenteada, com o batom borrado, estragando as unhas na louça, gritando com todo mundo e pensando que nunca mais vai ao salão!

Quando um integrante da família não segue o padrão de ordem e organização da casa, não pratica os cuidados mínimos de boa convivência, ele navega nesse desrespeito estrutural, pois todo o esforço que, nesse caso, a mãe constrói, esse pai desconstrói, e ainda, para os filhos, ele acaba sendo o legal e o divertido.

Quando a mãe das minhas crianças faleceu, eu tive inúmeros desafios para enfrentar. Um deles foi entender as motivações deles em meio ao luto, investigar suas reações e tentar gerenciar isso tudo. Para isso, precisávamos praticar um respeito mútuo a ponto de vencer esses dias juntos.

Com o passar do tempo, muitas vezes precisei ressignificar momentos para respeitar a ordem emocional das crianças e a minha. Não bastasse isso, a Mariana passou oito meses me chamando de "mamãe", de julho de 2018 a fevereiro de 2019. Ela não falava "papai" por nada! Muitas vezes surgiam situações engraçadas no supermercado, quando ia buscá-la na escola, na casa de amigos e familiares etc. Todos ficavam espantados por ela me chamar de "mamãe". Algumas pessoas desavisadas por vezes me diziam: "Você deveria ensinar a chamá-lo de 'papai', né?". Incrível como as pessoas insistem em achar que sabem mais da nossa família do que nós mesmos.

O que as pessoas não entendiam era a educação respeitosa que eu estava praticando com ela. Eu sabia que uma hora ou outra ela me chamaria de "papai", e isso aconteceu em uma viagem. Nas primeiras férias sem a mãe, deixei

Confiança, identidade e respeito　　95

que Pedro e Mariana escolhessem algum lugar ao qual eles quisessem ir, dentro de um limite financeiro e das minhas possibilidades, é claro. Dessa vez quem me surpreendeu foi o Pedro, que pediu para ir ao Rio de Janeiro. Uma das viagens mais marcantes que ele tinha feito antes do ocorrido foi uma viagem que eu, Pedro e Renata fizemos para o Rio e depois para Búzios. Nessa época, estávamos grávidos da Mariana. Diante da resposta do Pedro, mais uma vez eu estava ali em choque com a reação dos meus filhos. Na verdade, ele queria voltar a um lugar que tinha rendido boas memórias afetivas com a mãe. Então, precisei respeitar a vontade dele, me apertei daqui e dali e consegui uma hospedagem ok, uma passagem com valores pagos em muitas vezes e fomos para lá.

No segundo dia no Rio de Janeiro, Mariana acorda e vem brincar em cima de mim e, pela primeira vez em oito meses, ela me chamou de "papai". De uma hora para outra, sem mais nem menos, ela nunca mais me chamou de "mamãe".

O movimento respeitoso para com eles, para com o sentimento deles, com os meus e de todos no nosso lar passou a ser sempre um guia de orientação de nossas relações. Validar o que a criança sente e pensa é muito importante para que eles cresçam seguros. Precisamos olhar nossos filhos como sujeitos com vontades e desejos, não apenas como crianças que devem seguir o que os pais escolhem. Mais adiante entraremos nessas questões com nossos filhos. Agora que evoluímos em relação a confiança, identificação e respeito, podemos dar um passo importante nesta leitura. É hora de entender como podemos estruturar nosso lar para que possamos construir uma nova convivência extraordinária, entendendo que o que é bom para uma família pode não ser para outra.

Como disse anteriormente, você é o grande especialista da sua família. Ninguém sabe mais dela que você, pois você possui o contexto histórico, traz em sua bagagem informações importantes e o desejo de que todos sejam felizes. O que veremos foi algo que fez muito sentido para minha família, um método supersimples que construí e que vai facilitar o funcionamento do seu lar, definir novos papéis e deixá-lo mais livre para criar memórias afetivas fantásticas para as crianças. Não se trata de uma receita de bolo, que você deve seguir passo a passo; portanto, adapte o que for necessário. Minha proposta aqui é fazer você entender que a felicidade plena, em grupo, por vezes precisa de consciência e processos.

Além disso, nada mudará se não houver o envolvimento de todos, e isso inclui seus filhos também. Você vai precisar de uma dose de paciência e sabedoria para que juntos façam a construção de uma família extraordinária, partindo pelo ponto do que é extraordinário para você e não pelas crenças e padrões de comportamento. As pessoas vão querer opinar sobre o que você fará. Eu mesmo ouvi algumas vezes: "Ton, você precisa pôr limite nessas crianças", em situações em que eu estava seguro em projetar confiança e iden-

Confiança, identidade e respeito **97**

tificação deles com o ambiente, com o momento e com o respeito por entender com carinho os seus desejos, suas curiosidades a cada fase que eles iam vivendo.

Tudo aquilo que parece diferente ao olhar de outras pessoas, principalmente na educação dos filhos, vai chocar, vai abrir discussões, e algumas pessoas acharão que você está errado. Portanto, confie em você, no seu cônjuge e nos seus filhos. Confie também no método que vamos propor aqui, pois tivemos resultados surpreendentes com ele em casamentos, relações com os filhos e também nas relações fora do âmbito familiar, como no ambiente profissional, por exemplo. Bastará que você internalize os pontos cruciais de construção, internalize a sequência sugerida e poderá encontrar uma maneira fantástica de viver em harmonia com sua família.

Nosso primeiro passo é compreender o ambiente e as pessoas da nossa família, organizando tarefas. Então, passaremos por uma revisão do modo como dialogamos e também criamos nossos "combinados" em conjunto. Depois disso, trataremos de fatores como aceitação e posicionamento e, por fim, construiremos tempos de qualidade, respeitando cada integrante do nosso lar.

CRIANÇAS PRECISAM DE UM LAR SEGURO E FELIZ PARA SE TORNAREM ADULTOS EXTRAORDINÁRIOS.

Como ser uma família extraordinária?
@papaiemdobro

CAPÍTULO 04

O método Supersimples

Acredito que estamos vivendo uma grande transformação no modo como vemos a família. Ao entrar em uma livraria, a quantidade de livros voltados para a educação infantil é bastante vasta. Temas que antes nem imaginávamos que pudessem existir, como educação parental, crescem a cada dia. Para cada família grávida há dezenas de aplicativos mostrando a evolução do bebê no ventre, o que comer, como se exercitar.

Os desafios da educação são comuns para qualquer família e por muitos anos os conhecimentos que herdamos dos nossos pais pareciam ser suficientes para educarmos os nossos próprios filhos; mas, para os dias atuais, já não são. Por isso esse universo de cursos, livros e *workshops* que buscam transformar nossos filhos têm aparecido sem mais nem menos em nossas *timelines*.

Na minha maneira de pensar, no entanto, queremos educar melhor nossos filhos, mas esquecemos que a transformação tem de acontecer antes nos adultos. Nesse sentido, vamos iniciar uma jornada de transformação familiar, não apenas das crianças. Ao ler dezenas de livros sobre educação infantil, ao me inscrever em certificações e cursos com esses temas, percebi que, se queremos uma família feliz, são os adultos que precisam dessa transformação, e consequentemente ela resplandecerá em nossos filhos.

Uma mãe infeliz pode fazer milhares de cursos e ler dezenas de livros para melhorar seu ambiente familiar, mas não conseguirá o resultado esperado se não tiver curado o que dói nela. Se não se curar antes, ela não resplandecerá o ambiente feliz que deseja. É desafiador olhar para dentro de nós, mas depois que começamos o processo é um caminho sem volta, pois passamos a entender mais a questão dos limites, das dependências, e começamos a equilibrar a equação de necessidades dos outros *versus* as nossas. É como se fizéssemos com que todos tenham responsabilidades e as assumam integralmente.

O objetivo, por meio da abertura de consciência e do método Supersimples, é que passemos a olhar o lar de maneira diferente, entendendo muito mais os seus integrantes, sejam eles adultos, crianças, idosos, cachorro, gato e papagaio. Um trabalho em conjunto e em grupo.

De acordo com a psicologia sistêmica, avançando para o campo que tange aos estudos de constelação familiar do psicólogo e psicanalista Bert Hellinger, a família é o principal sistema ao qual pertencemos. Estamos vinculados a ela; nossa personalidade, nossas forças e fraquezas refletem o meio no qual estamos inseridos, podendo liberar vínculos, crenças limitantes e comportamentos sistêmicos.

O ponto de junção dessas abordagens psicoterapêuticas é o conceito de "sistema", o qual deduz que o todo é maior que a soma das partes. Em termos gerais, isso significa que o importante é a relação que surge da interação entre o ambiente e as pessoas que o compõem. Portanto, herdamos de nossos antepassados não só características genéticas, mas ações e comportamentos, fundamentos importantes para aplicarmos o método proposto neste livro.

De antemão preciso preveni-lo: os integrantes da sua família podem demonstrar resistência em aplicar o método Supersimples, em grande parte porque para eles parece estar tudo bem. Para eles, a felicidade familiar não precisa ser discutida nem trabalhada; talvez eles não entendam todo o trabalho invisível que a mãe, e poucas vezes o pai, está realizando, seja pela educação recebida, seja pelos costumes de família ou pelo modo que esses deveres são abordados no lar. Ninguém está percebendo a sobrecarga de resolver tudo de todos, pois, como eu disse anteriormente, mesmo sendo um pai presente e participativo tive que viver um grande trauma para passar a entender tudo o que a Renata assumia. Precisamos deixar de praticar uma paternidade facultativa, enquanto para as mães a maternidade é compulsória.

Se continuarmos assim, nossas crianças vão replicar esses modelos de famílias disfuncionais no futuro. Então, você entende a importância desse trabalho? Consegue perceber que, se não fizermos algo agora, em breve será muito tarde? "Mas no dia a dia eu mal consigo tempo para me organizar com minhas atividades profissionais! Como farei para despender tempo colocando em prática essa técnica?" Para isso, eu tenho uma resposta bem simples: você vai precisar realizar apenas conversas; o diálogo é a ferramenta primordial para a consciência familiar. Para isso, começo aqui com algo que parece simples, mas que vai funcionar muito no seu dia a dia: quero que saiba que pedir (sim, pedir) deve ser evitado ao máximo.

Se pedir cansa, pedir o óbvio cansa ainda mais, só gera discussões e atrapalha o bom ambiente familiar.

O PROCESSO DE PEDIR

Há uma questão inata ao pedir: por si só, pedir gera certa resistência a quem pede e a quem é direcionado o pedido. Nós não gostamos de engordar nossa lista de afazeres com aquilo cuja execução não planejamos, de ter tantas obrigações que precisamos resolver no dia. Somar algo mais que não estava em nossos planos nem sempre é bem recebido.

Vou dar um exemplo prático. Digamos que a mãe chega em casa trazendo os filhos da escola. Ela vem pensando no caminho o que fará para jantar e, então, percebe que não tem os ingredientes para isso. Ela sabe que o marido está de saída do trabalho e lista mentalmente o seu pedido. Passo 1: listar mentalmente. Com a lista dos ingredientes de que precisa, ela vai para o passo 2: fazer o pedido. Utilizando-se de uma comunicação agradável, ela solicita ao marido que passe no supermercado para comprar os ingredientes para o jantar e outras coisinhas que estão faltando em casa. Ele, então, pede que ela envie a lista do supermercado, que acaba se tornando o passo 3, fazer a listinha, ou seja, enviar a orientação do que precisa ser comprado.

No supermercado, o marido retorna a ligação dizendo que não está encontrando um dos itens e pergunta se pode substituir por outro, ou seja, passo 4, o acompanhamento. O marido faz as compras e então chega a vez de essa mãe realizar a tarefa pensada inicialmente, o passo 5, colocando em execução o jantar com o que foi pedido ao marido. Entende por que pedir cansa, gera conflitos e também é considerado uma carga mental?

Os papéis desse exemplo poderiam ser invertidos, com o marido pedindo e a mãe fazendo as compras, mas esse caso é muito menos comum. Além disso, as fases do acompanhamento poderiam ser puladas, e o motivo está claro: as mães conhecem muito mais as necessidades de suprimentos da casa.

Nesse mesmo âmbito do pedido, também entra aquilo que eu escuto como reclamação de muitas mães, quando os homens falam: "Mas era só ter pedido!". Assim, criamos um ciclo infinito em volta do pedir. Esse processo parece não ter fim. Muitos homens e pais não se questionam sobre esse ponto, pois isso para a maioria deles é irrelevante. Porém, é necessário pedir, por exemplo, no caso de usar a última fralda do pacote. Nesse momento, alguém tem que se responsabilizar por comprar mais, colocar na lista de compras e pensar em como resolver essa necessidade. A chatice de pedir o óbvio irrita, causa desconforto e discussões entre os casais.

Reclamar e esbravejar pode gerar algum resultado, mas vamos tentar resolver isso de maneira mais amigável e eficiente? Para isso, vamos entrar no método Supersimples que proponho aqui e que vai nos direcionar para atingir o objetivo de sermos famílias extraordinárias. Mais uma vez, digo que ele funcionou para a minha família, e posteriormente repliquei-o em outras por meio de mentorias, cursos e *workshops*, e os relatos foram excepcionais. Fique à vontade para adaptá-lo como melhor lhe convier e ficar mais fácil de ser executado para você, sempre levando em consideração a melhor comunicação possível. Antes de começar, vamos compreender o que geralmente fazemos e que nos leva a ficar sobrecarregados, colaborando para uma disfuncionalidade familiar. São ações que praticamos involuntariamente e que precisam fazer parte da nossa consciência para que sejamos plenamente felizes em nosso ambiente familiar. Listo a seguir algumas dessas ações, para que você tenha consciência delas.

- Pedir sobrecarrega. Evite pedir, pois a maioria dos pedidos precisa de orientação e acompanhamento.
- Achar que é o único responsável pelo lar. Pensar que, se não fizer determinada tarefa, ninguém vai fazê-la.
- Ausência de percepção e de interesse sobre o funcionamento da rotina familiar pelos próprios integrantes da família. Tarefas ficam sem fazer porque ninguém se responsabiliza por elas.
- Machismo estrutural: delegar papéis de acordo com crenças de gêneros ultrapassadas. Não fazer determinada tarefa por achar que é "de mulher" ou "de homem".
- Concentração da responsabilidade dos filhos e da casa, organizando as tarefas mentalmente e sem a responsabilização dos integrantes da família. Todos precisam ser responsáveis pelas atividades que lhes dizem respeito.
- Acreditar que o lar e seus cuidados são coisas somente de adultos. Não são. As crianças precisam colaborar desde cedo para a organização das rotinas domésticas.
- Esquecer de si e viver apenas nos papéis sociais. No caso de uma mãe, por exemplo, ela, além de mãe, é filha, amiga, tia, madrinha, avó etc., mas nunca ela mesma, então age sempre sob uma condição social imposta.
- Comparar a sua família com outra e a maneira como se organizam.

- Não despender tempo para atividades pessoais de autocuidado.
- Sentir-se culpado por algo que não esteja sob seu controle.
- Querer agradar a todos.
- Não demonstrar seus desejos e necessidades, pensando sempre somente nos demais.
- Esquecer-se de pensar em seus próprios sonhos, pensando somente nos sonhos do cônjuge e dos filhos.
- Não saber dizer "não".
- Ter dificuldade em estabelecer metas pessoais, pensando apenas nas metas coletivas.
- Ter medo de ficar sozinho e de não ser amado.
- Praticar um diálogo constantemente agressivo.

QUEREMOS EDUCAR MELHOR NOSSOS FILHOS, MAS ESQUECEMOS QUE A TRANSFORMAÇÃO TEM QUE ACONTECER ANTES NOS ADULTOS.

Como ser uma família extraordinária?
@papaiemdobro

CAPÍTULO 05

Tarefas para todos

Quando eu era casado, era muito ligado à execução. O que eu via que precisava ser feito, fazia, mas isso deixava um leque de atividades que eu não sabia que estavam na mente da minha esposa. Se eu pudesse voltar ao passado, desejaria que pudéssemos listar todos os afazeres de gestão, de suprimentos e de execução. Por mais feliz que tenha sido, meu casamento teria tido mais plenitude e nossa família seria ainda mais funcional se tivéssemos prestado mais atenção à organização e divisão de tarefas.

Quando me refiro à gestão, aqui, quero dizer a organização da agenda, de marcar pediatra, oftalmologista, se preparar para a festa do amiguinho, escolher a roupa, o presente que precisa ser comprado, onde e que horas as crianças devem chegar; organizar a agenda com os afazeres da escola, as finanças da casa, os compromissos com familiares e assim por diante. Enfim, fazer a gestão do tempo, dos compromissos e dos trabalhos que parecem invisíveis.

A tarefa de suprimentos é a de disponibilizar os itens necessários para as lancheiras da escola, saber dos uniformes, se há roupa limpa para ir ao judô, ao balé. Nada vai parar nas gavetas nem no varal se alguém não se responsabilizar por essas tarefas. Para lavar uma louça, é preciso sabão; para preparar o jantar, são necessários os ingredientes. Entende que essas coisas vão se somando nas tarefas mentais invisíveis?

Essa parte de providenciar e organizar os suprimentos necessários para que cheguemos no passo da execução carrega certo peso mental que, em geral, não está no radar das famílias. Só vamos vivendo e nos dando conta da rotina, sem pensar como deixar isso mais leve.

O terceiro passo se dá quando entramos na execução de fato, aparentemente sendo mais simples: botar a mão na massa realmente. É lavar, passar, cozinhar, levar à festinha, comprar o presente, participar com o filho dos deveres da escola.

Então, crie listas e dinâmicas de execução dessa lista. Eu desejava saber o que estava na cabeça de minha falecida esposa, mas não tinha acesso a ela. Se tivesse listado tudo, tudo mesmo, eu poderia ter assumido algumas de suas responsabilidades mentais, ter colaborado para que ela tivesse mais tempo para ela, e eu teria tido mais conexão com meus filhos.

Aplicando essa técnica de listas, deixei as famílias livres para usarem isso da forma mais funcional possível, de um modo que a família pudesse seguir da maneira que julgasse mais conveniente.

Uma lista pode ser feita de maneira digital no grupo da família.

Pode ser pendurada na geladeira.

Pode ser um quadro branco, como eu utilizei na minha casa com meus dois filhos, desde muito pequenos, pois eram as pessoas que veriam essa lista.

Uma mãe a quem dei mentoria foi muito criativa criando o varal de afazeres. Ela separou dois varais para execução de tarefas: um varal do que precisava ser feito e outro do que já foi feito. Com grampos e notas adesivas, ela listou todos os afazeres da família e elegeu os responsáveis por elas. Cada nova tarefa ou necessidade, ela incluía no varal. Assim, quando alguém executava a tarefa, mudava a nota adesiva de lugar, passando-a do varal do que precisava ser feito para o varal do feito.

Essa lista precisa conter as atividades de todos da família: tudo que um pai tem em sua mente como responsabilidades, tudo o que as mães, geralmente com as listas mais extensas, têm de fazer, e também os filhos, pois todos temos tarefas a executar. Com essa ferramenta da lista, você conseguirá deixar o pedir de lado ou menos evidente, pois todos assumirão responsabilidades, incluindo os filhos. Isso vai deixar leve e possível a compreensão, levará à consciência familiar de que todos devem carregar mochilas de afazeres equilibrados, sem que um precise se sobrecarregar mais do que o outro. Isso também implica a quebra de crenças e padrões de comportamento, portanto é preciso uma linguagem apropriada para que todos entrem nesse processo de transformação. Em pouco tempo, ficará muito mais clara a responsabilidade que cada um receberá.

Você pode estar dizendo a si mesmo: "Mas meu filho é muito pequeno! Como eu posso envolvê-lo?". Veremos isso em breve, no passo 3 do método Supersimples, juntamente com a aplicabilidade dessas listas, mas antes precisamos ir para a tarefa de diálogos produtivos e proveitosos, que devem considerar os pontos que já trabalhamos aqui, que são a confiança, a identificação e o respeito. Além disso, deixarei, a seguir, alguns modelos de listas que acabei recebendo das pessoas para as quais apliquei cursos, treinamentos e *workshops*. Perceba que cada família utilizou um modelo diferente, adequado à sua própria necessidade.

LISTA EM FORMA DE VARAL E COM PREGADORES

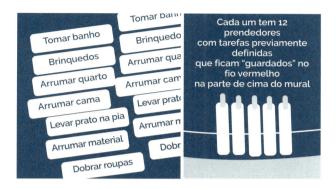

Usando pregadores de roupas e um mural para deixar tudo à vista, essa mãe envolveu os filhos e o marido para eleger e executar as tarefas diárias do lar. O varal do alto são tarefas a fazer, enquanto o de baixo são as tarefas concluídas.

LISTA EM FORMA DE PLANILHA

Lista dos afazeres, com responsáveis			
		Marcela Martins / 31-jan-24	
Tarefa	Responsável	Data da conclusão	Quando
Levar o lixo	Rafael	10-dez	Terças e quintas às 19 horas
Arrumar os quartos	Márcia e Rafael	10-jan	Diariamente
Marcar pediatra	Hélio	12-jan	Consultar
Lavar as roupas	Márcia	15-jan	Reunião de acompanhamento
Levar o Rafael ao judô	Hélio	20-jan	Segundas e quartas
Fazer as compras	Hélio	20-jan	Sextas-feiras
Assinar e verificar a agenda escolar	Márcia	23-jan	Diariamente
Presente de aniversário do amigo	Márcia	25-jan	Conforme datas de aniversário
Reunião de escola	Hélio	1-fev	Conforme datas demandas

Por meio de um programa de planilhas, como o Excel, da Microsoft, é possível organizar as tarefas, eleger

Tarefas para todos 119

responsáveis e deixar a lista pendurada onde qualquer pessoa possa ver.

LISTA EM APLICATIVOS

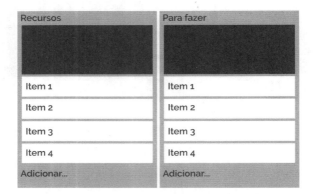

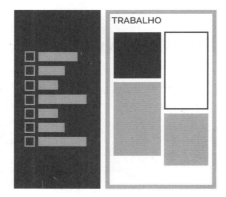

O Google Keep ou o Trello são exemplos de aplicativos que podem ser grandes assistentes para criar listas de deveres de acordo com responsáveis.

CONFIE NAQUILO QUE VOCÊ ACREDITA ESTAR CORRETO, SIGA SEU CORAÇÃO E SEU INSTINTO, POIS VOCÊ É O PRINCIPAL RESPONSÁVEL PELAS SUAS CONQUISTAS FAMILIARES.

Como ser uma família extraordinária?
@papaiemdobro

CAPÍTULO 06

Diálogos saudáveis como passos para a cooperação

Construir diálogos abertos e conversas corajosas é fundamental para traçarmos uma rota de mudanças que nos levarão a um nível de colaboração mútua, sem necessidade de discussões. Somos humanos e trazemos uma ampla bagagem da educação e da maneira como dialogávamos quando estávamos na casa de nossos pais, então a educação, na família que você formou, passará a ser baseada na que você teve.

Houve um momento em que eu andava muito estressado, deixando isso transparecer aos meus filhos. Toda reação, que em outro momento eu poderia conduzir de maneira mais sóbria, vinha com um sentimento de indignação e insatisfação grande, a ponto de me tirar do sério. Em uma ocasião, as crianças começaram a discutir no carro por um assunto qualquer, pedi que falassem de maneira mais calma, mas, como em outras famílias, eles continuaram a esbravejar. Houve um segundo pedido, dessa vez mais firme, mas da terceira vez, e pelo momento que eu vivia, estacionei o carro e falei duro com eles, olhando para trás. Eles começaram a chorar; então me percebi furioso, saí do carro e respirei um pouco para voltar ao prumo.

Dois dias depois, tentando conduzir as coisas da maneira mais calma que eu podia, me deparei com o Pedro esbravejando muito com a Mariana. Vi nos seus olhos uma irritação muito acima do que a ocasião pedia. Era eu nele, a minha linguagem sendo replicada pelo Pedro com sua irmã; era o mesmo tom agressivo que eu havia praticado dois dias atrás. Junto com minha percepção veio a culpa, então precisei deixar que ela entrasse e fizesse seu trabalho para que eu pudesse aprender o quanto antes.

Em muitas situações, o sentimento de culpa vem por conta de um modo agressivo de comunicação com nossos familiares. Sabe aquela coisa: "Dizer, eu deveria ter dito, só não precisava ter sido daquela forma"? Com a consciência de que quem convive conosco replicará nossa linguagem, precisamos nos certificar de que nossa maneira de falar esteja embaixo do guarda-chuva do amor e do cuidado; não basta querer, precisamos ter a certeza de que a mensagem, de uma maneira amorosa, foi entregue e ficou clara.

Para nos ajudar a ter essa certeza, nada como fazer uns aos outros perguntas simples: "Isso faz sentido para você?"; "Que bom que você me entendeu. Da próxima vez podemos fazer essa escolha juntos?". Perguntas acolhedoras conduzem mais facilmente às pazes, à harmonia, e encerram conflitos. Ao mesmo tempo, é necessário saber o *timing* que cada um tem para a abordagem ser mais assertiva.

A comunicação nem sempre parece ser importante. Estamos nos expressando tão no automático que mal nos questionamos como nos comunicamos, como somos percebidos e que sentimentos estamos evocando no receptor, questões complexas que balizam o caminho de construção de um lar feliz e harmônico. Vou mencionar, a seguir, alguns passos que nos ajudaram a praticar uma comunicação mais amorosa.

1. Expressar compreensão pelo sentimento

O sentimento por trás das palavras é sempre evidente em nosso tom de voz. Podemos até usar palavras acolhedoras, buscar uma maneira calma de conduzir o diálogo, mas é o sentimento como pano de fundo que vai conduzir o diálogo. Então, acalmar-se e tentar tirar a dor de uma frustração, de uma falta de comprometimento, antes do início da conversa, é uma regra que vale para você e para quem está recebendo a mensagem. Por trás de todo sentimento existe uma necessidade que, se atendida, gera satisfação; do contrário, provoca frustação e desconforto. Aliar o sentimento à necessidade nos ensina e ajuda a compreender melhor o outro.

2. Ter empatia

É ter a verdadeira percepção do outro, não apenas ouvi-lo. Temos que levar em consideração a forma como as pessoas com que nos relacionamos lidam com as situações. Mudar o outro não é nossa obrigação. Em primeiro lugar, temos que deixar a pessoa internalizar suas questões. Podemos até guiá-la para isso; no entanto, saiba que estamos sempre na linha do julgamento, então vamos considerar como a outra pessoa foi educada, o que a leva a agir de tal modo. É inevitável tecer julgamentos, mas procure fazer isso sempre na esteira do amor, da benevolência.

Dizer o que fazer ou como fazer as coisas promove resistência e, por vezes, dependendo do seu tom de voz, pode gerar revolta no outro. Esteja atento a praticar um diálogo seguro, fazendo perguntas inteligentes para que as pessoas cheguem, elas próprias, à ideia que você apresenta. Por mais estranho que isso pareça, é um sinal de altruísmo e uma entrega completa da sua parte saber se desvencilhar do desejo de ser quem dá o direcionamento. Podemos gerar mais compreensão quando a pessoa se sente resolvendo algo com as crianças, com o cônjuge, com as pessoas de sua convivência. Liderar o diálogo desse modo é agir, de maneira genuína, com respeito e amor.

3. Compartilhar o que você sente

Com os dois primeiros passos bem executados, cria-se uma propensão para que sejamos ouvidos, e esse é o momento de expor nosso ponto de vista. É como se recebêssemos uma recompensa por termos passado pacientemente pelos passos 1 e 2. É importante salientar que falar dos nossos sentimentos é fundamental para construir um diálogo honesto e seguro. Ao mesmo tempo, essa narrativa não deve apontar culpados pelo que sentimos. Nós somos os únicos responsáveis pelo que sentimos. Se a ação de alguém lhe causou dor, por exemplo, deve haver algo em você mal-resolvido a ponto de lhe doer. Veja como a autoconfiança e o conhecimento de quem somos permite ou não que algo nos cause desconforto e mal-estar. Se alguém nos chama de "feios" e nós sabemos que somos bonitos, por exemplo, não daremos bola para o comentário. No entanto, se isso nos penetra e nos faz sentir algo, então não estamos realmente seguros de que somos bonitos. Portanto, confie muito em você, saiba seus pontos fracos, saiba que em uma relação as pessoas podem se utilizar de seus pontos fracos para barganhar algo. Isso acontece fora da esteira da maldade; são só seres humanos defendendo seus interesses.

4. Pensar em uma solução em conjunto

Pessoas que participam ativamente, com ideias, na resolução de um problema ou de uma tarefa tendem a ser mais disciplinadas e aprimoram seus sensos críticos. A aceitação de normas comportamentais é fundamental, mas quantas ideias criativas surgem quando questionamos o porquê de estarmos fazendo algo de determinada maneira? Será que não devemos nos questionar se há um jeito mais fácil ou inteligente de realizar determinadas tarefas? Esse pensamento crítico nos conduz a entender o valor e o propósito de nossas atividades. O mais interessante é que, quando praticamos a solução em conjunto com um grupo ou com a família, surge aquele *brainstorm* de sugestões que nos conduzem ao aprimoramento, motivando o grupo pelo sentimento de ter feito parte da solução. Isso não funciona só no seu lar, pois estamos falando aqui de uma postura de liderança, que desperta confiança e senso de pertencimento em todos os envolvidos.

Agora que vimos esses passos, deixo aqui um exercício construído mediante um método muito difundido em organizações e que se popularizou alguns anos atrás. Trata-se da comunicação não violenta (CNV), uma técnica que facilita a construção de diálogos saudáveis e que nos incentiva a entender o ambiente, as pessoas e suas necessidades. Marshall Rosenberg, criador da CNV, foi psicólogo e estudioso de vários aspectos da violência. Com esse método, ele incentivou a unicidade das pessoas em seus grupos com base na compaixão e empatia. Conforme sua obra *Comunicação não violenta: técnicas para aprimorar relacionamentos pessoais e profissionais,* existe uma maneira de nos relacionarmos que é totalmente diferente da forma baseada em julgamentos, punição e recompensa. Quando a pessoa consegue se conectar com o que está vivo na outra, contribui para o bem-estar mútuo, conscientizando-se dos sentimentos e necessidades próprios e do outro. Nos exercícios que apliquei em famílias, utilizando os pontos citados anteriormente neste capítulo somados à

CNV, o diálogo familiar passou por uma incrível transformação. Não vamos nos estender sobre a técnica; vamos para um exercício prático de consciência sobre a maneira como conversamos com os integrantes das nossas famílias. Antes de narrar aqui o exercício, vamos rapidamente pontuar um modo adaptado e prático para entendermos como a CNV pode ser aplicada.

Ponto 1 – Observação

Eu costumo definir como "ouvir com atenção", pois isso encoraja a autoconsciência a separar observação de avaliação. A observação considera a apreciação, a busca por entendimento, enquanto a avalição se desdobra em julgamentos, induzida por um juízo de valor a respeito do outro, prejudicando o diálogo.

Ponto 2 – Empatia

Com a consciência da emoção que é transmitida em nosso processo de comunicação, por exemplo, podemos trocar expressões como "o que eu acho" por "como eu me sinto quando", sem que o outro seja culpabilizado pelos seus sentimentos.

Ponto 3 – Necessidade ou compreensão

Quando alguém expressa suas necessidades com clareza, procurando que elas sejam compreendidas, as chances de suas demandas serem atendidas aumentam. Não podemos dizer as coisas por dizer; é preciso haver uma razão emocional por trás disso.

Diálogos saudáveis como passos para a cooperação

Ponto 4 – Pedido

Também costumo chamá-lo de "argumentação". Após manifestar o que estamos observando, é preciso fazer perguntas que estimulem a consciência do receptor. Um pedido, na maioria das vezes, vai parecer uma exigência; portanto, argumentar com empatia é o melhor caminho.

EXERCÍCIO DE COMUNICAÇÃO COM CONSCIÊNCIA

Podemos encorajar ou desencorajar a cooperação em família, dependendo da maneira pela qual nos dirigimos às pessoas.

Veja, a seguir, como costumamos fazer nossas solicitações e como elas ficam utilizando a CNV.

Frases violentas	Frases utilizando a CNV
1. Quantas vezes eu preciso lhe dizer para não deixar a toalha molhada sobre a cama?	1. Eu sei que você sabe que não é legal deixar essa toalha sobre a cama, então o que nós podemos fazer para lembrar você de pendurá-la depois do banho?
2. Não adianta pedir nada para você, né? Nunca é no meu tempo, mas sempre no seu!	2. Imagino que aquilo que eu lhe pedi não será feito agora. Em que momento você acha possível realizar, considerando que isso é importante para nós?

(continua)

(continuação)

Frases violentas	Frases utilizando a CNV
3. Deixa pra lá, pedir para você ou para uma parede é a mesma coisa!	3. Sei que é complicado pensar em resolver algo que para você não parece prioridade, mas como podemos resolver isso juntos?
4. Está bem, eu engraxo seus sapatos e passo sua camisa desta vez!	4. Eu sinto muito, mas preciso que isso seja feito por você, e não por outra pessoa.
5. Por que você não me escuta e não faz o que estou mandando?	5. Você quer sugerir uma maneira apropriada de realizar esta tarefa?
6. Já cansei de ficar pedindo sempre a mesma coisa!	6. Percebi que você não está me ouvindo e deve ter tido um dia difícil. O que você acha que podemos fazer para evitar que esse pedido não seja repetido várias vezes?
7. Qual é o seu problema? Não percebe que estou ocupado(a)?	7. Espere, estou bastante ocupada(o) agora, mas eu desejo ouvir o que isso significa para você assim que eu acabar aqui!

Na coluna à esquerda estão as formas aparentemente agressivas da construção de uma narrativa, muito comuns em nossa rotina. Talvez você diga que não costuma falar dessa maneira até que haja um momento de estresse. Mas muitas vezes usamos essa maneira de solicitar ou argumentar algo sem perceber que esse é o nosso estilo de comunicação.

Veja, na coluna à direita, as mesmas solicitações, praticando a forma de diálogo proposta no método Supersimples. São as mesmas perguntas e indagações, porém feitas de maneira mais assertiva e acolhedora.

Compare as solicitações das duas colunas. Percebe como podemos melhorar nosso diálogo e engajar a cooperação familiar? Bons líderes não costumam dizer exatamente o que fazer, eles precisam utilizar argumentações e perguntas encorajadoras a fim de que o receptor entenda que ele não está sozinho para fazer aquele dever ou tarefa; por mais que ele já saiba o melhor caminho, deve haver um convite como pano de fundo para a realização, e não uma ordem, um pedido direto e rápido.

Elisama Santos, uma autora de quem gosto muito, afirma em seu livro *Por que gritamos* que nosso organismo traz sinais físicos antes de falarmos de maneira rude. Ela cita que franzimos a testa, cerramos os punhos, em milésimos de segundos antes de dialogar de maneira agressiva. Nesse livro, há um belo convite para fazermos as pazes conosco e, consequentemente, colaborar para um ambiente de paz e tranquilidade.

A forma como costumamos nos comunicar tem relação direta com o que estamos sentindo, com o ambiente em que estamos inseridos, com a velocidade e a praticidade da informação ou ação que desejamos. É por isso que muitas vezes eu fomento aqui uma busca por autoconhecimento. Pratique a autocompaixão e desligue-se de qualquer tipo de culpa; viva o presente e trace uma rota daqui em diante para gerenciar a maneira como você e todos do seu lar praticam o diálogo, considerando a maneira e o ambiente com o qual fomos educados.

Acredite em você, pratique a responsabilidade pelo que sente e, assim, conseguirá se conectar com você mesmo! Na psicanálise clínica aplicada, costumamos dizer que temos 50% de responsabilidade nos nossos relacionamentos, e, quando tomamos essa consciência, chegamos à maior compreensão e aceitação de quem somos e do que estamos fazendo.

Todo ser humano é bom o suficiente a ponto de mergulhar no próprio interior e encontrar o que tem de bom e o que pode corrigir. Momentos de estresse, conversas difíceis e desafios da vida vão e voltam no nosso caminho, portanto caminhe com a coragem de saber quem você é, com seus pontos fortes e fracos, estabelecendo limites e entendendo que são apenas momentos, fases, pois nada é para sempre.

CAPÍTULO 07

Como definir "combinados"

Independentemente da sua profissão, acredito que, no seu trabalho, você já deve ter feito algumas reuniões; ou talvez você more em um condomínio e por lá também já tenha participado de reuniões; ou, ainda, na escola, na universidade, no grupo de estudos. Enfim, para que possamos nos organizar em grupos, as reuniões são fundamentais.

O problema é que participar sempre de reuniões as torna um pouco inconvenientes, embora sejam muito necessárias. Eu, por exemplo, acho extremamente chatas as reuniões de condomínio. Ao mesmo tempo que entendo a necessidade delas, percebo que a maneira como são organizadas as deixa ainda mais difíceis. Os interesses de cada participante colaboram para isso, pois ali, embora sejam tomadas decisões para o bem comum, há uma certa tendência de que cada morador pense somente em si, no que será gasto, no pensamento individualista de "o que eu vou ganhar com isso?".

Não deixa de ser importante que pensemos nos benefícios próprios em decisões que são tomadas em grupo, mas isso não deve prevalecer em relação ao aspecto ganha-ganha entre todos. Às vezes, é como se estivéssemos em um tribunal, no qual precisamos defender nossos interesses para que não sejamos impactados de maneira negativa pelo bem comum: assim são as reuniões de condomínio.

Em uma organização, como estamos em defesa do nosso trabalho, automaticamente somos mais políticos. As defesas dos nossos interesses podem ser as melhores para os nossos setores, para a agilidade e produtividade de nosso trabalho. Se você tem um cargo de gestão, então você está negociando interesses da sua equipe, da sua área e assim por diante. Não consigo imaginar o trabalho em uma grande empresa ou em um pequeno comércio sem reuniões para organizar esse trabalho. As reuniões são fundamentais para organizarmos os trabalhos: desde a definição das metas até a determinação de quem vai colocar os sacos de lixo na caçamba.

Por falar em trabalho, devo mencionar aqui, voltando para as questões dos nossos lares, que todas as atividades de cuidado com a casa e os filhos, sejam elas mentais, de execução ou de suprimentos, são trabalhos. Precisamos olhar tudo isso como um trabalho, visto que relacionamos a trabalho apenas as atividades profissionais. Se você perguntar o que é trabalho em qualquer buscador da internet, as respostas mais rápidas e menos profundas só levarão a informações ligadas à remuneração e à profissionalização das tarefas. É incrível como a palavra "trabalho" usualmente não costuma estar associada à realização das atividades de cuidado com a casa e os filhos.

Por definição, o trabalho é o desempenho de alguma atividade produtiva feita em troca de uma recompensa econômica. Como eu falei anteriormente, estamos vendo a transformação muito rápida de muitos conceitos, e o trabalho não ficou fora dessa. Um termo muito novo e cunhado pela dor da ausência de reconhecimento de um certo tipo de trabalho vem ganhando força; é a economia do cuidado.

Alguns estudos conduzidos por pesquisadores começam a apontar que, se o trabalho do cuidado não for reconhecido com uma espécie de valor econômico, nunca receberá um valor de fato. Essa informação sobre o trabalho dos cuidados é a que vai nos guiar para o entendimento do fundamento das reuniões em família. É importante que sejamos contemporâneos o suficiente para atribuir a essa atividade a valorização e o reconhecimento que ela merece.

"Mas por que fazer reuniões em família? Não basta todas as outras que precisamos fazer? Agora em casa também?" Se por acaso você se fez essas perguntas mentalmente, eu gostaria de responder suas dúvidas com outra pergunta: O que é mais importante na sua vida?

Na sua organização, na sua igreja, na sua comunidade religiosa, você costuma se reunir para definir o

Como definir "combinados" **141**

que, quem e como serão realizadas as atividades que o grupo tem por objetivo. Mas na sua família, não? É como se você dissesse: "Na minha casa eu falo o que precisa ser feito e é o suficiente!"; "Na minha casa, as regras verbais são repassadas diariamente e está dando certo!". Entende que não estamos levando em consideração o desejo de todos?

Com todo o respeito, se você pensa assim, é porque valoriza mais a organização das atividades de grupos fora da sua casa do que dentro dela. Mas tudo bem! Costumamos colocar um peso sobre o conceito de "reuniões" que às vezes faz com que elas pareçam desconfortáveis e chatas. Pelo menos para as nossas famílias, esses momentos devem ser alegres e divertidos. São momentos especiais nos quais os membros da família se reúnem para compartilhar experiências, fortalecer laços afetivos e desfrutar da companhia uns dos outros. Essas ocasiões podem ocorrer por diversas razões, e no nosso caso visam conseguir, além de passar tempo juntos, realizar *combinados* sobre a gestão do nosso lar.

Passamos anteriormente por dois passos, que foram: fazer as listas de tarefas para saber tudo o que precisa ser feito e observar a maneira como nos comunicamos, ou seja, desenvolver o diálogo afetuoso. Então, seguiremos agora para o terceiro, que é estabelecer um *combinado* de como faremos as tarefas, atribuindo responsáveis e clarificando que o lar é de todos; sendo assim, todos precisam cuidar dele a partir de suas capacidades e competências.

Mesmo sendo a minha família formada por apenas um adulto e duas crianças, isso sempre funcionou. Então, caso sua família tenha os cônjuges separados, é possível, sim, realizar essa atividade. Não se prenda a achar que esse é um trabalho para os adultos da família, pois é um trabalho que envolve todos. Ele vai mudar completamente a dinâmica de como os membros veem o lar e a família.

A seguir, cito alguns pontos superimportantes para tornar as reuniões familiares mais agradáveis e apropriadas para todas as idades. Essas dicas vão além de pai, mãe e filhos, podendo incluir avós que por vezes moram juntos, por exemplo.

1. **Planejamento antecipado.** Comunique-se com antecedência para garantir que todos possam participar e estejam cientes dos detalhes da reunião.
2. **Escolha um local confortável.** Seja em casa, em um parque ou em um restaurante, escolha um local que seja atrativo para todos e que proporcione um ambiente agradável.
3. **Atividades para todos.** Considere as preferências e idades dos membros da família ao planejar atividades. Jogos, música ou até mesmo uma refeição especial podem ser boas opções de entretenimento.

4. **Crie um lema.** Isso facilita a identificação das crianças com um propósito familiar. Aqui usamos "Todos cuidam de todos"; por sermos apenas três, criei algo para que eles me vejam como alguém que também precisa de cuidados.

5. **Bastão da fala.** Use um objeto divertido para tornar um "bastão da fala", ou seja, que falar só seja permitido à pessoa que estiver com o bastão em mãos.

6. **Respeite as diferenças.** As famílias podem ter membros com diferentes pontos de vista, crenças e personalidades. É importante respeitar essas diferenças e criar um ambiente em que todos se sintam à vontade para ser quem são e se expressar livremente.

7. **Eleja um roteirista.** Alguém precisa anotar os pontos importantes desse momento. Essas anotações podem compor uma pasta, na qual são guardadas essas "atas". Com o passar do tempo, esses papéis viram memórias afetivas, quase como álbuns de fotos; portanto, desenhem, tirem fotos, façam desse um grande momento em família.

8. **Atenção ao tempo e periodicidade.** Nem todas as reuniões precisam ser longas. Às vezes, até mesmo um curto encontro pode ser significativo se for bem aproveitado. A regularidade das reuniões é muito pessoal; aqui, fazemos uma vez por mês; outras famílias fazem semanais.

9. **Tradições familiares.** Se a família tiver tradições especiais, considere incorporá-las à reunião para criar memórias duradouras.
10. **Comunicação aberta.** Incentive a comunicação aberta e a expressão de sentimentos. Isso pode fortalecer os laços familiares e resolver eventuais conflitos.
11. **Agradeça.** Mostre gratidão pela presença de cada membro da família e pelo tempo compartilhado juntos.

Lembre-se de que o objetivo principal de reuniões, encontros etc. (use um nome que tenha mais identificação com a sua família) é fortalecer os laços familiares, criar memórias positivas e desenvolver o espírito de colaboração entre todos. Você deve adaptar essas dicas conforme as necessidades e características da sua família e tornar as reuniões ainda mais especiais.

ACREDITAMOS QUE O QUE APRENDEMOS SENDO FILHOS DE NOSSOS PAIS É O SUFICIENTE PARA EDUCARMOS NOSSOS FILHOS, MAS NÃO É.

Como ser uma família extraordinária?
@papaiemdobro

CAPÍTULO 08

Incluindo as crianças no processo

Toda criança tem a necessidade de sentir-se aceita e importante nos ambientes em que convive. Todo comportamento inadequado vai derivar da ausência desses dois sentimentos.

Nossos maiores desejos a respeito de nossos filhos é que sejam adultos bem-sucedidos, mas somos nós, desde a sua infância, que moldamos o valor do que é ser bem-sucedido. Para mim, isso significa que eles possam ser felizes ao mesmo tempo que façam algo que contribua para as comunidades nas quais estão inseridos – leia-se "comunidade" o ambiente profissional, a comunidade do *hobby* ou da prática esportiva, a comunidade religiosa e, principalmente, a comunidade de núcleo-base, ou seja, a família.

Somos nós que nortearemos os passos de nossos filhos rumo a um esplêndido futuro, mas para isso devemos entender que nossas crianças são seres sociais e precisamos que elas compreendam esse valor, pois não apenas educamos nossos filhos, nós criamos uma sociedade.

Neste livro, não tenho a pretensão de me aprofundar em temas da educação infantil, mas quero pincelar pontos para que a convivência melhore e passemos a ver nossos filhos de maneira que construam autoconfiança, segurança e capacidade de senso crítico. Com esses três pontos alinhados, conseguiremos entregar a eles a responsabilização sobre o funcionamento do lar.

Gosto muito dos conceitos de Jane Nelsen, a autora e desenvolvedora da metodologia da disciplina positiva. Jane usou conceitos da filosofia de Alfred Adler e Rudolf Dreikurs, e uma das bases desse fundamento é ser firme e gentil ao mesmo tempo, além de eliminar a punição, a permissividade, e trabalhar o respeito mútuo envolvendo as crianças nas decisões familiares.

Nós, pais, fomos ensinados – pelo menos a minha geração – a decidir as coisas pelos nossos filhos para que eles não se envolvam em situações difíceis e possam aproveitar melhor as oportunidades. Mas essa prática retira deles a oportunidade de aprender com suas escolhas, os deixa dependentes dos pais, retira deles a autonomia, que é superimportante para o desenvolvimento de senso crítico, além de perder o sentimento de influência de suas decisões em suas próprias vidas.

Há uma crença equivocada de que precisamos controlar nossos filhos, quando, na verdade, ao serem envolvidos nos processos decisórios, eles passam a se sentir superimportantes por algo que é objetivo comum de todos. Quem nunca ouviu ou disse: "Essa criança precisa de limites", mas se esqueceu de entender que a ausência de limites, para um pai, pode ser um processo de construção de autonomia na opinião de outro?

Crianças que crescem o tempo todo controladas pelos seus pais, que não têm opção de escolher, de opinar e não são ouvidas pelo que sentem estão sendo treinadas para usar sua inteligência e energia para agradar adultos e seus desejos, fugindo das responsabilidades e deixando de desenvolver a capacidade de agir de maneira autônoma.

O modo autoritário com o qual muitos de nós fomos educados gerou uma ausência de conexão com nossos pais. Tudo bem se a vida se encarregou dessa reconexão depois, mas o mundo de hoje é muito diferente de quatro décadas atrás.

Em nosso país, na década de 1980, especificamente, tivemos um momento de escassez, com disponibilidade de poucos recursos, com uma inflação galopante, o reinício da democracia e uma abertura ao mercado internacional. As coisas melhoraram com o passar das décadas. Nós, brasileiros, começamos a ter um salário com maior poder de compra e passamos a oferecer mais estrutura para nossos filhos. Por outro lado, muitos de nós cometemos o equívoco de entregar aos nossos filhos muito do que nós não tivemos de mão beijada, eu diria que até inconscientemente.

No entanto, esse senso de compensação contribui muito para a permissividade das crianças. Muitas crescem sem dar valor para os presentes recebidos, sem dar o devido respeito ao trabalho dos pais e, assim, crescem esperando que o mundo lhes sirva. Precisamos encontrar o equilíbrio entre o autoritarismo, no qual a maioria de nós foi criado, e a permissividade que entregamos sem querer, achando que fazemos o melhor por nossos filhos. Um caminho ideal para isso seria a prática da gentileza, o respeito envolto na busca pela autonomia com certa dose de firmeza.

Na proposta de reunião de famílias citada anteriormente, mora uma grande oportunidade de que as crianças se sintam aceitas e importantes. Nela, elas também virão com listas de afazeres para serem somadas à lista dos cuidados da casa por parte dos adultos. Também é necessário que tragam seus desejos e vontades para serem postos à mesa, assim como seus sonhos.

Aos pais, cabe a responsabilidade de estimular essas práticas, o dever de criar um ambiente divertido e propício para que eles contem desde as frustrações até as alegrias e, assim, recebam auxílio e compreensão pelo que sentem.

A simples ação de envolver as crianças nas responsabilidades do lar, dentro da capacidade de cada uma, gera em nossos filhos um senso de pertencimento. Ela vai contribuir maravilhosamente para uma vida adulta de autoconfiança, respeito mútuo nos ambientes que frequentará e, consequentemente, transformará nossa sociedade.

Recebo dezenas de reclamações, principalmente de mães casadas, de que estão sobrecarregadas, mas o que elas têm feito, que exemplo elas estão dando para que os filhos não achem natural serem servidos, apenas, e não repitam esse processo em suas famílias? Precisamos, agora, promover essa educação acolhedora e respeitosa, pois, se as crianças de hoje chegarem à fase adulta com essa base, poderão propiciar aos nossos netos uma educação melhor do que a que estamos oferecendo. Você percebe o poder dessa nova forma de ver nossos filhos?

O mais interessante nesse processo é que, para praticar essa metodologia, não precisamos de recursos financeiros. Não é necessário que seja feito investimento algum além de tempo, paciência e disciplina. Com o método Supersimples, o melhor da vida é simples e de graça!

CAPÍTULO 09

Aceitação

"SE FOR PARA FAZER DESSE JEITO, DEIXA QUE EU MESMA FAÇO."

Como ser uma família extraordinária?
@papaiemdobro

Trazemos em nossa personalidade tantas características relativas à educação que recebemos que, na vida adulta, essas questões parecem estar no modo automático, e sem querer agimos de uma maneira que atrapalha a cooperação de todos e a funcionalidade de um grupo.

Ao longo deste livro, conversamos sobre nossos comportamentos, como agimos, falamos e pensamos, mas, quando voltamos para a convivência entre os familiares, entendo que alguns fatores são cruciais para a harmonia e a felicidade familiar.

Cada pessoa tem suas características, seu ritmo, seu estilo e suas maneiras diferentes de praticar o cuidado, tem o modo como se organiza para fazer uma atividade doméstica e assim por diante. Não há a menor chance de atingir a plenitude se algum membro da família se sente acuado perante um dever. Sabe aquele jeito de fazer algo que sua mãe lhe ensinou, que ela aprendeu com a mãe dela? Você não deseja romper esse ciclo, pois está na sua crença que se fizer diferente não vai dar certo ou não ficará tão bom. Apesar disso, no fim, o resultado geralmente é o mesmo.

Meus anos de trabalho na indústria, atuando com inteligência de mercado e marketing, me trouxeram muitas experiências e, hoje, consigo transferir para o meu trabalho como palestrante e educador parental uma parte desse conhecimento adquirido. Uma frase propícia para esta ocasião e que me guiou muitas vezes para o caminho da praticidade é *"Done is better than perfect"*, ou, como dizemos em português, "Antes feito do que perfeito". Quando buscamos muito a perfeição, toda tarefa demora mais para ser concretizada.

É claro que buscar fazer da melhor maneira possível é um dever, mas as pessoas que desejam tudo perfeito o tempo todo demonstram um pouco de insegurança; elas estão o tempo todo pensando em ser perfeitas, não só para entregar um bom trabalho, mas também para evitar julgamentos de que não são suficientemente boas, do medo do que será dito sobre elas ou pelo entendimento de que, se não fizerem tudo perfeito, podem dar vantagem a um adversário, concorrente e assim por diante.

Essa característica do perfeccionismo se agrava quando tememos que membros da nossa família não façam algo da maneira perfeita que esperamos. É como se projetássemos no outro um pouco da nossa insegurança. Portanto, aprender a lidar com nossas expectativas é um passo importante para contribuir com um lar harmonioso. Em muitas famílias, as tarefas domésticas podem se tornar uma fonte de conflito se não houver a aceitação mútua das diversas maneiras de lidar com essas responsabilidades. É importante reconhecer que todos têm suas próprias habilidades, preferências e limitações quando se trata de contribuir para o funcionamento da casa.

Convido você a pensar no encorajamento, nos estímulos que damos aos membros da família, aceitando perguntar a eles sobre a satisfação de contribuir e ser importante para o funcionamento do lar. Por outro lado, precisamos pensar também no quanto os desestimulamos ao dizer: "Se for para fazer desse jeito, deixa que eu mesma faço!" ou "Não adianta pedir para você, pois nunca é do jeito que eu quero". Esses dizeres, salvo nas situações em que há negligência do executor, não só inviabilizam um bom ambiente como promovem a ausência de participação. Além de fazer parecer que um trabalho nunca está bom o suficiente, é como se decretássemos uma incapacitação generalizada dos membros da família. Ao aceitar a maneira como nossos familiares realizam as tarefas domésticas, cria-se um ambiente de apoio e compreensão. Em vez de focar as diferenças, é mais construtivo valorizar as formas de contribuição. Algumas pessoas podem ser meticulosas e detalhistas, enquanto outras podem ser mais eficientes e pragmáticas.

A diversidade de estilos pode enriquecer a dinâmica familiar, promovendo aprendizado e crescimento.

Permita conhecer seu próprio estilo e encontrar o ritmo do outro. Eu, que sou agitado, preciso confessar a dificuldade de compreender pessoas mais lentas e menos concentradas. Faço mais de uma coisa ao mesmo tempo e termino as tarefas rápido, então as pessoas que demoram muito mais para fazer a mesma coisa me fazem pensar, de maneira automática: "Nossa, ainda não terminou!". Reconheço isso em mim, então me cabe apenas aceitar, pois a maneira do outro é a do outro e, para ele, essa maneira pode ser melhor também.

Por isso vale muito comunicar abertamente as expectativas e necessidades que temos em relação ao outro; essa é a peça-chave na aceitação das diferentes formas de realizar. Isso pode ser combinado durante os encontros familiares propostos, conforme falado no capítulo anterior. O diálogo permite que os membros da família expressem suas preocupações, compartilhem suas preferências e alcancem um consenso sobre como distribuir as responsabilidades de maneira justa.

Em vez de focar apenas os resultados finais coletivos, é crucial reconhecer e valorizar o esforço individual. Agradecer e elogiar os familiares pelas contribuições que fizerem, independentemente da abordagem utilizada, cria um ambiente positivo e motivador, sem falar que nas crianças podemos colher resultados incríveis, pois elas passam a se sentir aceitas e importantes, contribuindo positivamente para a felicidade familiar.

Em última análise, ao aceitar a diversidade na maneira como os familiares realizam os deveres acordados, construímos laços mais fortes e duradouros, melhoramos a satisfação e o senso de pertencimento, além de gerar um senso de responsabilidade que reverberará em outros ambientes que não só o nosso lar.

A empatia e a compreensão mútuas tornam-se a base para um lar feliz e saudável, em que cada membro se sente valorizado e respeitado. Portanto, derrube toda a crença de que a maneira como você aprendeu é a única maneira de fazer algo. Seja paciente, pois talvez seu cônjuge ou seu filho tenham começado a realizar certo dever recentemente, e existe um tempo necessário para a aprendizagem e o aperfeiçoamento.

Também é preciso considerar que, como falei aqui em outro momento, a experimentação contribui para o interesse ao longo do tempo, fazendo as pessoas tomarem gosto pelas coisas e encontrando nelas a autossatisfação, a autonomia e o senso de serem realmente importantes. A palavra de ordem aqui é o respeito: não apenas o respeito pela pessoa, mas pela maneira e pela vontade de estar participando de um time, atuando pelo bem da sua principal comunidade: a família.

CAPÍTULO 10

O autocuidado com equilíbrio entre os familiares

A MAIORIA DE NÓS, HOMENS, SEM QUERER, COLOCA A CARREIRA À FRENTE DA FAMÍLIA, DEIXANDO A CARGO DAS MÃES MUITO MAIS TAREFAS DE CUIDADO.

Como ser uma família extraordinária?
@papaiemdobro

O autocuidado é um conceito importante, que engloba práticas e hábitos voltados para o bem-estar físico, mental e emocional de uma pessoa, mas que resplandece nos integrantes da família e na maneira como se relacionam. Viver uma vida equilibrada, leve e saudável começa com a valorização do tempo de que dispomos para fazer algo para nós mesmos e, nessa esfera, enfrentamos o grande desafio de equilibrar nossas prioridades, principalmente pelas questões atuais a respeito de gêneros.

Por que os homens conseguem mais tempo para praticar o autocuidado do que as mulheres? Nas dezenas de famílias que atendi, os homens têm mais liberdade de fazer coisas para si do que as mulheres. Esse algo para si não significa apenas fazer algo benéfico para sua saúde física, mas também emocional, como se reunir com os amigos em um bar para uma *happy hour*. Essa é uma pergunta corajosa, que me faz trazer aqui dados estatísticos sobre a prioridade que os homens dão a seus estilos de vida *versus* a prioridade do estilo de vida das mulheres.

PRIORIDADES DE ESTILO DE VIDA ENTRE HOMENS E MULHERES

Observe a imagem a seguir.

Não quero aqui culpar indivíduos de nenhum gênero, pois devemos entender as pressões sociais que cada pessoa precisa enfrentar para agir como age. Dados do Pew Research Center, um órgão estadunidense que realiza pesquisas sobre variados temas de opinião pública, demonstram que os estadunidenses do sexo masculino enfrentam muita pressão para sustentar sua família financeiramente (76%) e para serem bem-sucedidos em seu emprego ou carreira (68%). Ao mesmo tempo, as mulheres enfrentam muita pressão para serem mães envolvidas (77%) e serem fisicamente atraentes (71%).

Nesses dados, existe uma interferência social que contribui para essa diferença de homens terem mais tempo para realizar o autocuidado, que seria o fato de não se sentirem tão pressionados a ser pais superpresentes, como as mães o são. Nesse tempo a mais, buscam não só trabalhar, mas estar em ambientes que propiciam *network* e oportunidades de negócios. As mulheres, muito envolvidas com a maternidade, os cuidados com o lar e a educação dos filhos, acabam tendo pouco tempo para olhar para si; se veem muito como mães, filhas, irmãs, madrinhas, avós etc., e não conseguem se olhar como seres individuais. Elas estão muito envolvidas em algum papel social e atuando pouco como seres independentes desses papéis.

Para que tenhamos uma ideia melhor da realidade brasileira, o IBGE realizou uma pesquisa apontando que, em 2022, as mulheres dedicaram 9,6 horas por semana a mais do que os homens aos afazeres domésticos ou ao cuidado de pessoas, ou seja, 38 horas a mais de trabalho por mês. Mas esse dado já foi pior, pois em 2019 eram 10,6 horas dedicadas a mais, isso quando considerado que ambos trabalhavam fora. Essa pequena redução foi consequência da pandemia de covid-19, durante a qual homens e mulheres passaram a trabalhar no formato *home office*, elevando o grau de participação masculina.

Dentro da minha realidade, ao ficar viúvo, eu tinha todas essas horas de responsabilidades sobre as minhas costas. Além de sentir o cansaço da sobrecarga, eu me perguntava: Como ela dava conta de tantas coisas? Por que não conversava comigo sobre esse peso e deixava as coisas desse modo? Não venho aqui apontar que há pessoas relapsas nessa relação de desequilíbrio, até mesmo porque a maioria das pessoas não percebe essa sobrecarga, e menos ainda entende que isso seja um trabalho, o trabalho do cuidado.

Uma pesquisa realizada pela Universidade Estadual da Geórgia apontou que casais que dividem as tarefas de cuidado com mais equidade tendem a ser mais felizes, produzem um clima familiar mais amistoso e ainda têm uma frequência e uma qualidade de momentos íntimos muito acima dos casais que não dividem esses afazeres.

Na minha opinião e na de outros estudiosos da família, a percepção de justiça contribui em grande parte para a felicidade entre os parceiros. Casais felizes muitas vezes constroem uma dinâmica justa dentro da realidade familiar. Eles trabalham juntos buscando uma equidade das responsabilidades, evitando ter que ficar se lembrando de algo que precisa ser feito, evitando desgastes e produzindo um diálogo amistoso em suas relações.

Ao fim das palestras, sempre gosto de receber as pessoas para discutir o que sentiram durante a apresentação. Mais uma vez, um pai chegou até mim se dizendo impressionado com as diferenças de tempo que homens e mulheres dispõem aos cuidados. Ele narrava sua estrutura familiar e como tinha que se dedicar ao trabalho para honrar os compromissos financeiros da família; disse que trabalhava mais de doze horas por dia e que fazer aquilo lhe fazia bem. Então, eu lhe questionei como estava a relação com seus filhos e sua esposa, já que ele trabalhava tanto. Ele disse que seu casamento não ia bem por ele passar muito tempo fora de casa, mas que trabalhar menos não era uma opção. Então perguntei a ele: "Qual reconhecimento você prefere em sua vida? O de grande homem e pai ou de um grande profissional?". Ele respondeu que o profissional, pois entregando uma boa estrutura ele estaria sendo um grande pai e homem.

Assim, a maioria de nós, homens, sem querer, coloca a carreira à frente da nossa família, deixando a cargo das mães muito mais tarefas de cuidado. Tiramos delas o tempo para o autocuidado, ocupando-as em resolver toda a agenda familiar e, ainda, a sua vida profissional.

Dentro de todos os meus trabalhos nas empresas e outras organizações, costumo trazer não só questões da equidade de gênero, mas também de equidade parental, de modo a organizar as famílias com tempo em horas de dedicação mais bem equilibradas entre deveres profissionais e familiares. Quando uma família consegue viver de maneira mais equiparada, além de melhorar o ambiente familiar, temos profissionais muito mais motivados, dispostos a contribuir como times e aumentando sua produtividade.

Embora tenhamos dado passos importantes para gerar essa conscientização, ainda temos um grande trabalho pela frente. Basta acompanhar o gráfico a seguir, produzido pelo IBGE, para ter clareza disso.

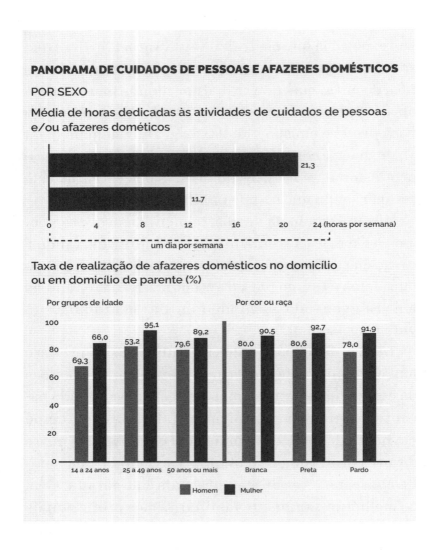

Diante desses dados, preciso sugerir que, antes de praticar o autocuidado, devemos equilibrar os afazeres do lar e caminhar para que todos da família usufruam desse importante benefício. Entenda que temos que dialogar sobre o tema, mas sem que isso gere conflitos e prejudique o clima familiar. O diálogo é algo realmente poderoso; use-o da maneira mais amorosa possível. Devemos negociar esse tempo de modo que todos sejam beneficiados, incluindo os nossos filhos.

E, por falar em filhos, devemos ser exemplos para oferecer novas referências a eles. Perceba que o gráfico traz uma grande diferença entre jovens de 14 a 24 anos em relação à dedicação aos afazeres domésticos: 69,3% dos meninos e 86% das meninas se envolvem com essa tarefa. Ou seja, não estamos educando os jovens de maneira correta, pois, ao chegar à vida adulta, sua filha ou seu filho viverão esse desequilíbrio parental, por isso precisamos começar a instruí-los corretamente já.

O autocuidado necessita de tempo livre, de priorização de um estilo de vida, e os benefícios advindos dele são fundamentais para nossa saúde mental e física. No entanto, sem a consciência de que precisamos, principalmente nós, do gênero masculino, atuar pelo equilíbrio dessa questão, nunca teremos o bem comum do grupo, da nossa família.

É preciso pensar como um time em que todos merecem desfrutar de algo que nos descarregue, que nos preencha e nos faça feliz, para ver o resultado de nossas alegrias também nos rostos de quem a gente mais ama. Em resumo, o autocuidado é mais do que uma simples indulgência; é uma necessidade vital. Priorizar o próprio bem-estar físico e emocional não é um ato egoísta, mas sim um investimento na capacidade de viver uma vida plena e contribuir positivamente para o mundo ao redor. Ao reconhecer a importância do autocuidado, abraçamos a responsabilidade de cuidar de nós mesmos, promovendo um ciclo virtuoso de saúde e felicidade.

Este é o método Supersimples resumido em uma imagem:

ENTENDA QUE AQUILO QUE PARECE IDEAL PARA VOCÊ TALVEZ NÃO O SEJA PARA O OUTRO; PORTANTO, NÃO CAIA NO ERRO DA COMPARAÇÃO.

Como ser uma família extraordinária?
@papaiemdobro

CAPÍTULO 11

O trabalho e a família, a família e o trabalho

AS EMPRESAS, MUITAS VEZES SEM QUERER, RECONHECEM MAIS SEUS PROFISSIONAIS PELA DISPONIBILIDADE OFERECIDA DO QUE PELA PRODUTIVIDADE ENTREGUE.

Como ser uma família extraordinária?
@papaiemdobro

Geralmente conceituamos o trabalho como a atividade remunerada que nos traz o capital para cuidarmos de nossa família. Mas desejo perguntar a você: Por que não reconhecemos como trabalho a atividade de cuidar das nossas famílias? O trabalho seria apenas uma derivante do capital?

Para tentar responder a essa questão, preciso convidá-lo a refletir sobre algo muito comum: o mercado de trabalho que prioriza o trabalhador que tenha a maior disponibilidade de tempo para desenvolver uma função.

São essas pessoas com mais disponibilidade de tempo que conseguem a ascensão na carreira de maneira mais rápida; são essas pessoas que notoriamente estão mais informadas e têm mais conexões em que podem se apoiar. Claramente, a disponibilidade de tempo oferecida é crucial para isso.

Em 2023, Claudia Goldin foi a terceira mulher da história a receber o Prêmio Nobel de Economia, que existe há 55 anos. Em seus estudos, Goldin apresenta esse e muitos outros dados que apontam que a questão da disponibilidade de tempo oferecida pelas mulheres aos empregadores é um fator prejudicial em suas carreiras, motivado por priorizarem suas famílias. Em inglês, há até um termo bonito para isso, cuja tradução para o português seria, literalmente, "trabalho ganancioso", pois nada mais é do que uma recompensa destinada aos colaboradores que oferecem mais disponibilidade de tempo ao empregador, algo que contribui para a desigualdade de gêneros e parental. Goldin ainda afirma que, nos últimos duzentos anos, tivemos um grande desenvolvimento econômico, mas que este não significou a maior participação da mulher no mercado de trabalho.

Paralelamente, o surgimento da pílula anticoncepcional deu às mulheres a opção de postergar a maternidade e focar a carreira. Com esse advento, elas puderam se profissionalizar e passaram a lutar e conquistar espaços e cargos que antes eram ocupados apenas por homens. Pensar em trabalho não pode significar apenas pensar no esforço que gera capital, mas também no esforço que gera a construção de uma sociedade. Portanto, o trabalho do cuidado precisa ser considerado nas organizações para que tenhamos mais consciência de gênero e possamos encontrar formas de equidade.

Recentemente, por todo o país, vimos um trabalho cunhado por algumas instituições não governamentais chamado economia do cuidado. Trata-se de um punhado de funções que são exercidas para o cuidado, que não são reconhecidas como um trabalho de fato e, por muitos, são consideradas invisíveis. Esse tipo de economia mostra que esse trabalho realizado e não pago, feito principalmente por mulheres, corresponde a um valor aproximado de 10,8 trilhões de dólares. Apenas quatro economias no mundo estariam acima desse valor, de acordo com o portal Laboratório Think Olga.

Portanto, é mais do que claro que a necessidade de desvincular o cuidado do conceito de gênero, além de preparar as novas gerações para terem mais equilíbrio, também é necessário para fazer com que as empresas olhem para esses dados da economia do cuidado com o viés familiar. Buscando elevar a conscientização e colaborando para climas organizacionais mais sadios, é importante salientar que a nossa era vive um mundo de transformação na relação do tempo empregado à família pessoal e também à família profissional, pois as duas têm se misturado, trazendo novas formas de organizar a sociedade.

Houve, no passado, um conceito coletivo de que, ao bater o cartão ou registrar o ponto de saída do trabalho, dávamos por encerrada a tarefa profissional daquele dia. Algumas circunstâncias, no entanto, colocaram esse conceito na gaveta, salvo, é claro, alguns tipos de atividades operacionais que ainda desfrutam desse modo de atuação.

A Era Digital, a pandemia da covid-19 e a migração para o formato de trabalho em *home office* fizeram esse conceito, que já estava ficando ultrapassado, cair quase definitivamente em desuso, pois tudo anda meio misturado. Talvez esse ainda não seja o seu caso, mas está cada vez mais difícil separar a vida em família da vida profissional.

O *home office* colocou escritórios dentro de nossas casas. Nunca se vendeu tantas cadeiras e materiais de escritório para equipar os lares como no ano de 2021, para que, assim, tivéssemos boas condições de trabalho dentro deles. Novos costumes e maneiras de pensar advindos desses acontecimentos mudaram a forma de organizar o tempo de trabalho e o tempo em família. Estamos encontrando mais dificuldade de não misturar nosso trabalho com nossa vida pessoal e vice-versa. Recebemos mensagens em nossos *smartphones* a toda hora sobre questões de trabalho, mesmo estando fora dele, e em nosso trabalho recebemos mensagens pessoais, mesmo estando focados no ambiente profissional. A rotina que exercemos executando os papéis da vida pessoal e profissional não têm mais hora de acabar ou começar; é comum nós nos pegarmos pensando em como resolver uma tarefa profissional durante o jantar e resolver algo pessoal durante o trabalho. Acabamos transmitindo nossas alegrias e frustações para esses ambientes.

Portanto, algumas empresas, interessadas no perfil familiar de seus colaboradores, têm saído na frente e conquistado mais equidade e produtividade nos seus ambientes, principalmente com pesquisas que retratam alguma dificuldade que o colaborador possa enfrentar por ter uma condição familiar mais favorável ou desfavorável. Acolher essas diferenças é crucial para que tenhamos climas organizacionais mais saudáveis e equilibrados.

Antes de me tornar palestrante e escritor, eu atuava em uma multinacional reconhecida e, como é normal em multinacionais, tínhamos uma postura voraz para entregar nossos resultados. Em uma tarde, em meio a uma considerável pressão para entregar uma atividade, eu olhava fixamente para o meu computador quando percebi que se iniciava uma chuva forte, uma tempestade dessas de outono – leia-se que, em Curitiba, minha cidade natal, isso significa uma queda brusca de temperatura. Nos tempos de casado, eu nem ligaria; porém, já era pai solo e a primeira coisa em que pensei foi que não havia colocado casacos suficientes nas mochilas escolares das crianças. Comentei o fato com uma colega que se sentava ao meu lado. Outra colega mais ao fundo também ouviu o que eu disse e saiu me respondendo. Eu e outras mães preocupadas pegamos nossos telefones e tentamos resolver nosso deslize. Os pais desse ambiente também poderiam ter participado da conversa, mas isso não era importante para eles, pois, com certeza, as esposas estariam a cargo dessa tarefa e eles não precisavam se preocupar.

Por algum tempo, refleti que o ambiente profissional pode ser um pouco desleal com as mães, pois nós, pais, não precisamos gastar nossa energia psíquica resolvendo as questões da chuva e da queda de temperatura, de um problema na escola, se a professora deu o antibiótico para o nosso filho na hora certa, se a roupa do judô está lavada para a aula de amanhã, e muitas outras situações. Nós, homens, não percebemos que essas também são nossas obrigações. Se grandes empresas apostam na diversidade e inclusão, equidade de gênero e outros temas muito em voga nas organizações, por que não olhar a equidade parental e promover essa consciência nos times? Note que dei aqui apenas um exemplo de inúmeras ocasiões nas quais percebi a carga mental muito maior das mulheres com filhos, pois, mesmo sendo homem, me via como elas, preocupado com a falta de um casaco extra na mochila e tendo que entregar meu trabalho profissional tanto quanto outros colegas que não precisavam ocupar-se com essas e outas questões familiares.

PRECISAMOS SER PESSOAS REAIS PARA IMPULSIONAR A CONFIANÇA, PARA CRIAR FILHOS EM AMBIENTES SEGUROS.

Como ser uma família extraordinária?
@papaiemdobro

CAPÍTULO 12

Empatia social, pratique!

Para você que me acompanhou até aqui, espero ter contribuído com uma abertura de consciência em relação à maneira como vemos a família, o trabalho e nossas relações em todos os níveis. Saiba que você começa a se envolver em um mundo seleto de pessoas que se questiona e pensa em construir um presente melhor, com a observação do seu passado, ao mesmo tempo que promove um futuro diferente, com mais valores familiares e uma relação mais equilibrada, além de se tornar uma boa referência para as novas gerações.

Há algo que talvez você ainda não tenha percebido, e, para colocá-lo a par, quero citar alguns movimentos históricos que transformaram nossa sociedade. A abolição da escravatura, a Revolução Industrial, a guerra contra o nazismo, a busca pelos direitos iguais das mulheres e outras conquistas importantes da nossa história não surgiram por acaso.

A abolição da escravatura, por exemplo, começou a ser reclamada por grupos iluministas, que tinham por característica o pensamento racional desvinculado de um estímulo religioso, na época dos grandes adventos das ciências, da liberdade individual, da igualdade e da razão, colocando de lado a soberania religiosa do pensamento. Alguns pequenos grupos passaram a discutir e contestar se realmente era correto comercializar e escravizar pessoas para serem executados serviços que qualquer homem, independentemente da cor de pele, poderia realizar. Essa discussão, então, cresceu com a Revolução Industrial, e ali iniciava-se o processo que levaria ao fim da escravidão, ao cabo de dezenas de anos. Perceba que tudo se iniciou com um pequeno grupo discutindo o assunto, e aqui podemos citar alguns pensadores como René Descartes, Galileu Galilei, Adam Smith e outros. Não que essas pessoas tenham necessariamente lutado juntas por isso, mas seus pensamentos começaram a reverberar em outras pessoas a ponto de serem difundidos, criando uma consciência coletiva, que posteriormente levou à promulgação de leis e decretos abolicionistas.

Assim se deu com esse e outros importantes movimentos sociais – conversas corajosas que discutiam o bem comum elevando a consciência de um grupo, até crescer e chegar a uma esfera popular, e é dessa mesma maneira que estamos agindo aqui. Você, eu e todos que estão conosco neste livro também fazemos parte de uma grande transformação. Não é hora de pensar pequeno, é hora de sentir-se parte de um grupo de pessoas que, assim como em outros movimentos históricos, está buscando transformar a sociedade em que vive.

A consciência da importância do núcleo familiar, da equidade parental e de gênero, o entendimento de que organizações privadas têm responsabilidades sociais que impactam a vida familiar, a construção da importância de valorizar o trabalho do cuidado, de como podemos criar filhos e uma sociedade com direitos iguais, tudo isso precisa ser fomentado. Ao chegar até aqui, neste livro, você automaticamente entra para esse grupo que deseja essa revolução. Não se coloque de maneira apequenada; você e eu temos um grande trabalho pela frente! Quando abrimos nossas mentes para receber uma nova ideia, não conseguimos retroceder e excluir algo que chegou ao nosso entendimento. Somos grandes e importantes agentes dessa transformação. Logo, a frase de Albert Einstein cai bem aqui: "A mente que se abre a uma nova ideia jamais voltará ao seu tamanho original".

Precisamos difundir o conhecimento que discutimos. Está em nossas mãos o futuro das relações sociais, das questões dos recursos naturais, da poluição e da condição planetária que entregaremos aos nossos filhos e netos. Como eu disse em capítulos anteriores, nós não apenas criamos filhos, nós criamos uma nova sociedade por intermédio deles, com os valores e conhecimentos que entregamos. Você é um ser revolucionário capaz de transformar aquilo que recebe em algo ainda melhor.

Talvez não tenhamos nossos nomes escritos nos livros de história, mas temos e devemos deixar memórias incríveis para que possam ser também apreciadas. Entenda que somos importantes o suficiente para promover pequenos atos revolucionários em nossos lares, em nossos empregos e em todos os grupos dos quais participamos.

Toda revolução que o mundo viveu teve início na inquietude de alguém corajoso que resolveu opinar de maneira diferente do padrão. Entende como ensinar o senso crítico para nossos filhos é importante? E não só isso, precisamos nos perguntar: Como podemos criar em nós esse movimento interno para que ele reverbere em ideias que transformarão ambientes? Está tudo conosco.

Não desista!

As pessoas que se comportam da maneira padrão vão apontar o dedo para você e dizer que está fazendo algo errado. Não dê ouvidos! Confie em você mesmo, no seu instinto, sabendo que toda transformação vai cobrar sua resiliência, persistência e foco. Não será fácil, mas a maneira de pensar que trouxemos até aqui, o método de transformação e sua aplicabilidade vai fazê-lo questionar se é isso mesmo que deve ser feito. Perguntar-se é fundamental para que você possa adaptar tudo que dissemos aqui à sua rotina.

A resistência à mudança será um dos seus grandes desafios; inúmeras pessoas vão querer continuar fazendo como sempre fizeram; mesmo você provando os benefícios, elas não desejarão fazer algo que fuja do automático em seu comportamento. Até que o novo seja instaurado, algumas coisas parecerão confusas, mas não desanime. A abolição demorou em torno de cem anos para ser decretada em praticamente todo o mundo; não espere que seu movimento seja imediato. São pequenos avanços diários que, na soma de um ano, apresentarão benefícios incríveis em todas as suas relações. Trabalhe sem procurar culpados, aja com sabedoria e paciência, pratique um diálogo amoroso e seja humilde, pois, por mais que saibamos um pouco de algo, sempre há pessoas mais preparadas do que nós, tanto para adotar nossos ideais quanto para questioná-los.

Sejamos socialmente empáticos. Pratique essa virtude para dar passos importantes rumo a novas conquistas. Vamos construir um entendimento mútuo de bondade e compreensão. A empatia social é essencial para enfrentar as injustiças e desigualdades; ela nos capacita a reconhecer e questionar sistemas e estruturas que perpetuam o sofrimento de alguns em detrimento de outros. A busca por equidade social e justiça começa com a capacidade de se colocar no lugar do outro, nas profundezas do outro, reconhecendo que o acesso a oportunidades, recursos e direitos não é uniformemente distribuído. Sinta-se o dono disso, pois só assim vamos promover uma nova sociedade, preparada e antenada para o bem do grupo, e não apenas para o próprio.

CAPÍTULO 13

Celebre o corriqueiro

NOS RELACIONAMENTOS CONJUGAIS, TUDO FLUI A PARTIR DO INTERESSE EM BUSCAR O PRAZER DE SE ENVOLVER COM AS TAREFAS DO CUIDADO.

Como ser uma família extraordinária?
@papaiemdobro

A celebração nos ajuda a criar um clima familiar harmonioso, feliz e cativante. Um colega que participou comigo em um dos cursos que ministrei trouxe um depoimento incrível. Ele contava que, a partir do momento que começou a olhar mais para si, para a educação que recebeu, para as fases de vida que viveu, começou a compreender melhor tudo o que o levou até ali. Ele também aplicou na própria vida o método proposto neste livro, mencionando que começou a se envolver mais com as tarefas do lar e dos filhos.

No começo, ele tinha que perguntar tudo para a esposa, deixando-a irritada. Então ele deixou de lado a maneira como ela desejava que as coisas fossem feitas e começou a assumir o protagonismo da sua maneira de fazer. Nesse interesse que despertou em si mesmo, ele entendeu que havia processos, que havia lugares específicos para guardar as coisas. Aprendeu a preparar a lancheira dos filhos, ingressou no grupo de WhatsApp da escola, e assim por diante.

Ele me trouxe sua linha do tempo de aprendizagem, assim como a linha do tempo de prazer em fazer aqueles trabalhos. Por fim, relatou dois pontos positivos que descobriu com o método: o primeiro era que ele podia conversar de igual para igual com sua esposa sobre as coisas da casa e os cuidados dos filhos; segundo, que seu casamento havia dado uma reviravolta e ele me agradecia por aquela transformação, pois não tinha recursos e ferramentas para tomar as rédeas daquela situação difícil que estava vivendo e, em um curto espaço de tempo, cerca de um mês, havia sido um agente transformador do clima familiar.

Assim, ele narrava de uma maneira engraçada que, por sua esposa estar com a cabeça mais livre, ela o procurava mais para curtirem momentos íntimos, se propunha a sair mais para jantares, se tornara mais paciente com os filhos e com ele; enfim, tudo fluía apenas pelo interesse dele em buscar o prazer de se envolver com as tarefas do cuidado. O clima de celebração se tornou mais presente, e sua família, como um todo, passou a viver de maneira extraordinária.

A vida é um ciclo curto. Ela passa voando, e isso não é papo de gente mais velha, não, isso é real! Quando nos damos conta, temos pelos brancos na barba e nos cabelos. Ainda que esse não seja o seu caso, nós, os mais velhinhos, de repente nos percebemos nos 40, e logo nos 50... Costumo brincar de contar a vida por Copas do Mundo. Adoro a Copa, e sempre que uma nova está por chegar já fico ansioso, quero saber das tabelas de jogos e horários para ajustar minha agenda. A Copa funciona para mim como um *réveillon*, aquele momento de trocar mensagens positivas, de renovação, de ter ao redor pessoas esperançosas com o ano que está por vir e aquela *vibe* legal.

Costumo pensar em como eu estava quatro anos atrás, pois sempre parece que a Copa anterior foi no trimestre passado, e não há quatro anos. Busco refletir sobre os acontecimentos importantes do passado recente, as fases que vivi e como desejo estar em 2026, ou seja, na próxima Copa. As fases de quatro em quatro anos me ligam como se fossem o mergulho no meu passado de curto prazo; elas me chamam a atenção como se quisessem dizer alguma coisa.

Muitas vezes eu esbravejei, dizendo: "Não vejo a hora de essa fase passar", principalmente quando meus filhos eram bebês e eu estava sozinho. Eu dormia pouco e acordava muito à noite, tinha que encarar o trabalho na indústria no dia seguinte e, embora estivesse motivado, em geral me sentia exausto. Hoje, vencidas as fases dos bebês – tanto do Pedro quanto da Mariana –, me sinto confortável em comentar uma experiência. A experiência de um mergulho profundo em "viver as fases". Sim, precisamos vivê-las de verdade! Eu sei que esse discurso é piegas, mas as fases são pedaços de vida, e querer que elas passem rápido significa querer ficar velho mais rápido, significa querer que a vida seja rápida e as lembranças de vida também sejam rápidas, indo embora mais facilmente.

Vamos apressando tanto as coisas que nos esquecemos de viver o hoje, nos esquecemos que, para tornar uma experiência enriquecedora, precisamos deixá-la adentrar nossas entranhas e fazer o papel da transformação; caso contrário, não há aprendizado e tudo aquilo que pareceu difícil terá sido em vão.

Se as fases fossem como pessoas e falassem, elas pediriam um abraço seu, pois no fundo não querem lhe fazer mal, mas precisam cumprir um papel importante na sua formação como ser humano. O ciclo de quatro anos faz esse barulho todo aqui, me convidando para viver o hoje, viver bem a normalidade, a rotina e o dia a dia, pois a cada dia há uma nova oportunidade de fazer uma jornada extraordinária, e isso se repete 365 vezes no ano.

Certa vez, quando ainda era casado, ao passar por uma gôndola de supermercado, encontrei um bom vinho com preço razoável e decidi comprá-lo. Na época, não costumávamos comprar vinhos caros, mas aquele eu sabia que era bom e realmente era uma oferta, então eu não podia perder aquela oportunidade. Cheguei em casa e o mostrei para a Renata, que pediu que o guardássemos para uma ocasião especial. Então veio um momento em que deixamos as crianças com os avós para termos um jantar a dois e eu mencionei o vinho. Ela disse: "Amor, deixa para uma ocasião especial. Vamos tomar um mais normalzinho hoje".

Em outra ocasião, um Dia dos Namorados, mais uma vez sugeri a ela que tomássemos aquela garrafa. "Amor, quem sabe tomamos hoje um mais OK e deixamos esse para algum momento de celebrar?", ela me respondeu. Assim foram se passando os momentos em casal, as datas comemorativas, e o vinho foi ficando lá, no cantinho dele, esperando um baita momento, algo realmente extraordinário acontecer, para ser aberto.

Porém, o tempo passou, a Renata acabou nos deixando, e duas semanas após sua partida recebi o convite do meu sogro para uma viagem à praia, para sair daquele ambiente, fazer algo diferente; enfim, espairecer. Achei que era uma boa ideia e fui preparar as malas das crianças; peguei as minhas coisas e pensei em levar algum vinho para tomar com ele por lá. Ao abrir o armário que usávamos de adega, reluziu no canto direito o vinho que havia comprado para tomar com a Renata; um filme passou na minha cabeça; um sentimento de arrependimento de não ter tido o prazer de desfrutar daquele vinho com ela. Então, peguei o vinho, o levei para a praia e lá, na primeira noite, falei para o Roberto, meu sogro: "Vamos tomar esse vinho, Roberto!". Ele, sem saber do histórico sentimental daquela garrafa, começou a dizer que aquele vinho tinha um preço razoável e merecia uma ocasião especial. Eu, educadamente, o interrompi dizendo que sabia o que ele ia falar! "Roberto, hoje nós vamos tomar esse vinho, independentemente de qualquer coisa!".

É engraçado como ficamos reféns de acontecimentos extraordinários para celebrar. Estamos sempre aguardando uma ocasião especial, mas esquecemos que não há nada mais especial do que o dia de hoje, do que a vida em si; devemos aprender a viver os dias como se todos eles fossem *réveillon*, como se todo dia fosse primeiro de janeiro. Precisamos aprender a celebrar as coisas simples da vida: uma reunião bem-sucedida, um dia agradável em família, a esperança de qualquer coisa boa que esteja por vir. Não precisamos celebrar apenas o que é grande, como uma viagem internacional, um carro ou, um emprego novo. Precisamos aprender a celebrar a normalidade das coisas e dos simples momentos, pois estes tornam nossos dias mais nobres e mais extraordinariamente felizes.

Agora que você chegou até aqui comigo, prometa a si mesmo que celebrará e comemorará com gratidão a vida que tem, as pessoas que estão com você nessa jornada, os desafios como modo de aprendizado e as alegrias que parecem bobas – que sejam realmente oportunidades de criar um clima familiar sensacional!

No começo deste livro, falamos do que seria o sucesso para você. Espero que, com esta leitura, tenha encontrado um propósito focado em valores que não sejam apenas financeiros. Não quero romantizar a vida com poucos recursos, pois ser um profissional capaz de trazer boas condições de vida para a família é um objetivo nobre e necessário, por mais que concomitantemente não devamos nos esquecer de disponibilizar tempo de qualidade para quem amamos.

Com as histórias aqui narradas, com o método Super-simples e sua intenção de atingir o extraordinário na convivência de sua família, promoveremos uma grande transformação em nossos lares e em nossas relações. Daremos um importante passo para construir uma sociedade mais equitativa e equilibrada, a partir de você e de nossas famílias. Somos o resultado do ambiente em que vivemos; o resultado do que faremos por nossas famílias estará em nossos filhos, nas nossas relações profissionais e no legado que estamos deixando por meio do nosso exemplo, do nosso amor pelo que há de mais importante em nossos corações: a nossa família.

Posfácio

Quando um homem entende o peso que a maternidade tem na vida das mulheres, nascem dez ursos polares, quinze onças pintadas e um unicórnio no planeta Terra. Ton passou por uma dor gigante: perdeu a esposa e ficou sozinho com duas crianças muito pequenas. Ele fez o que milhares de mães fazem nessa situação: encarou o fato.

O que há de especial em fazer algo tão natural quanto criar os filhos? Nada, quando você é mulher. E foi ao desempenhar o cuidado com as ferramentas psicológicas que tinha à mão, aquelas que vêm de fábrica com a gente, que Ton percebeu como era difícil, penoso e como seria necessário se aprimorar para dar conta. Entendeu também por que as mulheres vivem cansadas.

As fichas foram caindo, as crianças crescendo, e o Ton estudando e praticando uma criação amorosa e compreensiva com seus filhos. O trauma já estava lá. A morte prematura de uma mãe é uma das coisas mais tristes do mundo. Ton fez escolhas e optou por construir novas memórias alegres, que honrassem a história daquela família com esperança e respeito.

O mais bacana do Ton é que ele ensina com amor o que aprendeu na dor. Este livro é o reconhecimento do trabalho não remunerado mais importante da humanidade, a criação dos nossos filhos. Ele traz luz, frescor, boas histórias e esperança de recomeços felizes.

Parabéns pela jornada, pela família e por este lindo livro que está nascendo.

ANA CARDOSO,
autora do *A mamãe é rock*,
do guia da adolescência *A mamãe é punk*
(ambos publicados pela Belas-Letras)
e do romance *A mulher que*
atravessa a ponte (Zouk).

Referências

BERT Hellinger: vida e legado do pai da Constelação Familiar. **EMSI – Desenvolvimento Humano**, 2021. Disponível em: https://emsidesenvolvimento.com.br/bert-hellinger/. Acesso em: 14 mar. 2024.

BRASIL registra alta de 16,8 por cento no número de divórcios em 2021, revela IBGE. **IBDFAM**, 2023. Disponível em: https://ibdfam. org.br/noticias/10510/Brasil+registra+alta+de+16%2C8+por+ cento+no+número+de+divórcios+em+2021%2C+revela+IBGE. Acesso em: 14 mar. 2024.

CARLSON, Daniel L.; MILLER, Amanda J.; SASSLER, Sharon; HANSON, Sarah. The Gendered Division of Housework and Couples' Sexual The Gendered Division of Housework and Couples'Sexual Relationships: A Re-Examination. **Georgia State University**, 2014. Disponível em: https://scholarworks.gsu.edu/cgi/viewcontent cgi?referer=&httpsredir=1&article=1002&context=sociology_ facpub. Acesso em: 14 mar. 2024.

CARNEIRO, Luciane. Divórcios voltam a bater recorde no país, diz IBGE. **Valor**, 2023. Disponível em: https://valorinveste.globo. com/mercados/brasil-e-politica/noticia/2023/02/16/divrcios-voltam-a-bater-recorde-no-pas-diz-ibge.ghtml. Acesso em: 14 mar. 2024.

CLAUDIA Goldin wins the Nobel prize in economics. **The Economist**, 2023. Disponível em: https://www.economist.com/finance-and-economics/2023/10/09/claudia-goldin-wins-the-nobel-prize-in-economics?utm_medium=cpc.adword.pd&utm_source=google&ppccampaignID=19495686130&ppcadID=&utm_campaign=a.22brand_pmax&utm_content=conversion.direct-response.anonymous&gad_source=1&gclid=CjOKCQiAnrOtBhDIARIsAFsSe50BfSy6DslfYI4AVhfySwCO63k_wb5WgoP-_UthPWiRrH3x6aFrzjkaAuEfEALw_wcB&gclsrc=aw.ds. Acesso em: 14 mar. 2024.

ECONOMIA do cuidado: como podemos visibilizar o trabalho invisível das mulheres na economia do cuidado? **Laboratório Think Olga**. Disponível em: https://lab.thinkolga.com/economia-do-cuidado/. Acesso em: 14 mar. 2024.

ESTUDO aponta aumento nos casos de ansiedade e depressão entre crianças, nos últimos anos. **Crescer**, 2022. Disponível em: https://revistacrescer.globo.com/Saude/noticia/2022/03/estudo-aponta-aumento-nos-casos-de-ansiedade-e-depressao-entre-criancas-nos-ultimos-anos.html. Acesso em: 14 mar. 2024.

FEIJÓ, Janaína. Mães solo no mercado de trabalho crescem 1,7 milhão em dez anos. **FGV**, 2023. Disponível em: https://portal.fgv.br/artigos/maes-solo-mercado-trabalho-crescem-17-milhao-dez-anos. Acesso em: 14 mar. 2024.

GUIDO, Gabriela. 5 descobertas que levaram Claudia Goldin a ganhar o Nobel de Economia. **Forbes**, 2023. Disponível em: https://forbes.com.br/forbes-mulher/2023/10/5-descobertas-que-levaram-claudia-goldin-a-ganhar-o-nobel-de-economia/. Acesso em: 14 mar. 2024.

HARARI, Yuval Noah. **Sapiens: uma breve história da humanidade**. São Paulo: Companhia das Letras, 2020.

KRZNARIC, Roman. **Sobre a arte de viver**. Rio de Janeiro: Zahar, 2013.

MARGARETE MEAD. **Britannica**. Disponível em: https://www.britannica.com/biography/Margaret-Mead. Acesso em: 14 mar. 2024.

MOURA, Bruno de Freitas. Brasil ultrapassa a marca de 1 milhão de divórcios extrajudiciais. **Agência Brasil**, 2023. Disponível em: https://agenciabrasil.ebc.com.br/geral/noticia/2023-09/brasil-ultrapassa-marca-de-1-milhao-de-divorcios-extrajudiciais. Acesso em: 14 mar. 2024.

NELSEN, Jane. **Disciplina positiva**. São Paulo: Manole, 2015.

NERY, Carmen; BRITTO, Vinícius. Em 2022 mulheres dedicaram 9,6 horas por semana a mais do que os homens aos afazeres domésticos ou ao cuidado de pessoas. **Agência IBGE Notícias**, 2023. Disponível em: https://agenciadenoticias.ibge.gov.br/agencia-noticias/2012-agencia-de-noticias/noticias/37621-em-2022-mulheres-dedicaram-9-6-horas-por-semana-a-mais-do-que-os-homens-aos-afazeres-domesticos-ou-ao-cuidado-de-pessoas. Acesso em: 14 mar. 2024.

NUNES, Deise Cardoso; CARRARO, Luciane; JOU, Graciela Inchausti de; SPERB, Tânia Mara. As crianças e o conceito de morte. **Psicologia: Reflexão e Crítica**, v. 11, n. 3, 1998. Disponível em: https://www.scielo.br/j/prc/a/w8xdHGLRwh5mKHqzTYNMSNf/. Acesso em: 9 mar. 2024.

PAPO DE HOMEM. **O silêncio dos homens**. YouTube, 19 ago. 2019. Disponível em: https://www.youtube.com/watch?v=NRom49UVXCE. Acesso em: 14 mar. 2024.

PARKER, Kim; HOROWITZ, Juliana Menasce; STEPLER, Renee. On Gender Differences, No Consensus on Nature vs. Nurture. **Pew Research Center**, 2017. Disponível em: https://www.pewresearch.org/social-trends/2017/12/05/on-gender-differences-no-consensus-on-nature-vs-nurture/. Acesso em: 14 mar. 2024.

PESQUISA Retrato da paternidade no Brasil. **Boticário**, 25 jul. 2022. Disponível em: https://www.boticario.com.br/dicas-de-beleza/retratos-sobre-a-paternidade-no-brasil/. Acesso em: 14 mar. 2024.

PIAGET, J. **Seis estudos de psicologia**. Rio de Janeiro: Forense, 1967.

ROSENBERG, Marshall. **Comunicação não violenta:** técnicas para aprimorar relacionamentos pessoais e profissionais. São Paulo: Ágora, 2006.

ROSO, Larissa. Por que herdamos manias que criticamos de nossos pais. **Gazeta do Povo**, 2019. Disponível em: https://www.gazetadopovo.com.br/viver-bem/saude-e-bem-estar/por-que-herdamos-as-manias-e-vicios-dos-nossos-pais/. Acesso em: 14 mar. 2024.

SANTOS, Elisama. **Por que gritamos**. Rio de Janeiro: Fontanar, 2020.

SOUZA, Felipe. Pais solo contam desafios na criação dos filhos: "É se redescobrir". **CNN Brasil**, 2023. Disponível em: https://www.cnnbrasil.com.br/nacional/pais-solo-contam-desafios-na-criacao-dos-filhos-e-se-redescobrir/#:~:text=Embora%20seja%20estatisticamente%20pequeno%2C%20o,eram%20mantidas%20por%20pais%20solteiros. Acesso em: 14 mar. 2024.

VIEIRA, Paulo. **O poder da autorresponsabilidade**. São Paulo: Gente, 2021.

VOLUME de uso de redes sociais pode afetar saúde mental. **Associação Paulista de Medicina**, 2023. Disponível em: https://www.apm.org.br/o-que-diz-a-midia/volume-de-uso-de-redes-sociais-pode-afetar-saude-mental/. Acesso em: 14 mar. 2024.

WOJCICKI, Esther. **Como criar filhos para o mundo**. Rio de Janeiro: Fontanar, 2020.

ZOLIN, Beatriz. Como explicar a morte para crianças? **Portal Drauzio Varella**, 2023. Disponível em: https://drauziovarella.uol.com.br/psiquiatria/como-explicar-a-morte-para-as-criancas/#:~:text=É%20importante%20que%20ela%20sinta,ser%20contando%20as%20próprias%20experiências. Acesso em: 9 mar. 2024.

Este livro foi impresso pela Edições Loyola
em papel lux cream 70 g/m² em julho de 2024.